수업에서 바로 활용하는

챗GPT
교과서

홍지연 · 한의표 지음

생능북스

수업에서 바로 활용하는

챗GPT 교과서

초판인쇄 2023년 8월 3일
초판발행 2023년 8월 10일

지은이 | 홍지연, 한의표
펴낸이 | 김승기
펴낸곳 | ㈜생능출판사 / 주소 경기도 파주시 광인사길 143
브랜드 | 생능북스
출판사 등록일 | 2005년 1월 21일 / 신고번호 제406-2005-000002호
대표전화 | (031) 955-0761 / 팩스 (031) 955-0768
홈페이지 | www.booksr.co.kr

책임편집 | 유제훈 / 편집 신성민, 이종무, 김민보 / 디자인 | 유준범(표지), 강민철(본문)
영업 | 최복락, 김민수, 심수경, 차종필, 송성환, 최태웅, 김민정
마케팅 | 백수정, 명하나

ISBN 979-11-92932-28-6 13000
값 19,500원

🧠 수업에서 바로 활용하는 ChatGPT 교과서

'검색'이 아닌 '대화'의 시대

대화란 둘 이상의 실체 사이에 일어나는 상호작용적인 언어 소통을 말합니다. 주체 간 의미를 찾는 과정인 대화에서 지적 성장을 경험하기도 하고, 처음의 의도와 상관없이 부정적인 결과를 만들어내기도 합니다. 대화는 으레 인간과 인간 사이에서 일어나는 것으로서 특히 교육에서 교사와 학생 간의 대화는 배움의 시작을 의미하며 교수 학습 과정에서도 매우 중요한 부분으로 여겨집니다. 또한 또래 학습의 중요성이 커지면서 학생과 학생 간의 유의미한 대화는 그들의 활발한 상호작용과 더불어 동반 성장에 크게 기여하기도 합니다. 로버트 허친스의 말처럼 교육은 일종의 계속되는 대화이며 인간과 인간의 만남으로서 교육은 대화를 통해 발전을 거듭해왔다고 볼 수 있습니다.

> "교육은 일종의 계속되는 대화이고
> 그 대화는 세상일이 보통 그렇듯 여러 가지 관점이 있음을 인정하는 것이다."
> – 로버트 허친스

하지만 정보화 시대에 접어들면서 인간과 인간의 대화를 통해 이루어지던 기존 교육 방식에 새로운 변화가 일어났습니다. 컴퓨터와 인터넷의 발전은 인간과 인간을 넘어 인간과 기계, 기계와 기계를 서로 연결시켜 주었으며 교사나 부모로부터 또는 또래 친구로부터 얻던 정보를 '검색'이라는 수단을 통해 기계로부터 얻을 수 있게 된 것입니다. 주변에 대화를 나눌 마땅한 어른이나 대상이 없는 경우, 언제 어디서나 어떤 주제로든 인터넷에 접속하기만 하면 막대한 양의 정보와 데이터를 얻을 수 있는 정보화 시대의 교육은 교육의 패러다임을 바꿔놓기에 충분했습니다.

그러나 여기에도 한계는 있었습니다. 검색은 많은 정보를 얻는 데에는 유용하나, 스스로 그 정보들을 비판적 시각으로 바라보고, 수정해가며 의미 있는 의사결정의 과정으로 나아가는 데 있어 길라잡이 역할을 해주지는 못합니다. 이는 오로지 학습자의 몫으로서, 인간과 인간 사이의 대화가 가진 본질적인 상호작용에 기반한 성장과 배움으로 나아가기는 어려웠습니다. 따라서 그 과정에는 다시 교사나 부모 등 학습자를 이끌어갈 인간의 개입이 필요했습니다.

그러나 ChatGPT의 등장은 이러한 한계를 다시 한번 뛰어넘을 수 있음을 보여주었습니다. 검색을 통한 인간과 기계의 '연결'에서 인간과 기계 사이에 '대화'가 가능하도록 교육의 패러다임을 바꿔버린 것입니다. ChatGPT는 교수 학습형 대화가 가능합니다. 여기서 말하는 교수 학습형 대화란 학습 환경에서 교사와 학생이 나누는 대화처럼 특정한 지식을 학습하기 위한 목적으로 이루어지는 대화를 의미합니다. 학습 과정에서 학생이 스스로 해결하지 못하는 부분에 대해 설명을 요청하면, ChatGPT는 몇 차례의 대화를 통해 학생이 어려워하는 부분을 파악하고 그 문제를 해결하는 데 필요한 지식과 방법을 알려줄 수 있습니다. 이때 ChatGPT는 학생 스스로 문제를 해결할 수 있도록 유도하는 스캐폴딩(Scaffolding) 방식의 대화 패턴을 구성합니다. 살만 칸이 만든 칸 아카데미는 최근 GPT 기술을 바탕으로 스캐폴딩 방식의 대화 시나리오를 구성해 '칸미고'라는 생성형 AI 튜터 플랫폼을 런칭하였고, 바야흐로 세상은 인공지능 선생님과 학생이 대화를 통해 교수 학습을 진행할 수 있게 되었습니다.

이 책은 ChatGPT에 의해 빠르게 진화해가고 있는 교육 세계에 우리 선생님들과 학생들이 능동적인 교수자와 학습자로서 적응하는 데 도움을 드리고자 집필되었습니다. 국어, 수학, 사회, 미술, 음악 등 다양한 교과와 융합된 구체적인 학습 과정에서 학생들이 ChatGPT와의 대화를 통해 교수 학습 과정을 능동적으로 이끌어가되 영상, 포스터, 뮤직비디오, 발표 자료 등 구체적인 디지털 산출물을 창작해내도록 각 장을 구성하였습니다. 이를 통해 우리 학생들이 디지털 시대에 반드시 가져야 할 디지털 리터러시를 교과의 문제를 해결하는 과정에서 자연스럽게 키우며 디지털 인재로서 자라날 수 있을 거라 확신합니다. 또한 급변하는 시대를 살아가며 보다 양질의 교육 실천을 고민하는 우리 선생님들께도 수업에서 바로 활용해볼 수 있는 ChatGPT 교과서로서 도움이 되리라 확신합니다. 교육 현장에서 일어나는 이러한 작은 교육 실천이 사회의 혁신을 이끌어가는 큰 걸음이 되기를 희망해봅니다.

저자 드림

목차

0장

ChatGPT와
생성형 AI

ChatGPT와 생성형 AI
ChatGPT의 특징
ChatGPT 및 생성형 AI 활용 방안
ChatGPT를 활용하는 데 필요한 능력

01

ChatGPT와 생성형 AI

ChatGPT에 대한 열풍이 뜨겁습니다.

ChatGPT는 이전에도 많이 사용해온 AI(인공지능) 챗봇일 뿐인데 사람들이 이렇게 열광하는 이유는 무엇일까요? 기계가 아닌 사람과 대화하는 것처럼 느껴지기 때문일까요? 여러 단계의 정보처리 과정을 단숨에 뛰어넘어 사용자가 원하는 대답을 한 번에 제공하기 때문일까요? 인간은 세상의 변화를 두려워하면서도 세상의 혁신에 열광합니다. 그것이 인류가 살아온 방식이자 끊임없이 성장해온 원동력이지요. 그런 의미에서 ChatGPT는 또 한 번 세계관을 흔들어놓을 기술의 변곡점으로 여겨지기에 사람들이 열광하는 것입니다. 그렇다면 어떤 점에서 그렇게 느끼는 것일까요?

ChatGPT는 인공지능 연구소인 오픈AI에서 개발한 대화형 인공지능 챗봇입니다. 말 그대로 질문을 하면 사람이 쓴 것처럼 답변해주는 채팅 서비스입니다. 놀랍게도 간단한 질문에 대한 답변 외에도 요리법, 소프트웨어 프로그래밍, 작문 등 높은 수준의 창의적인 답변도 거뜬하게 해냅니다. 기존의 검색 서비스와는 달리 세련된 언어로 정제된 답변을 제공하기에 사람들을 깜짝 놀라게 하는 것이지요. 그래서 ChatGPT는 주어진 텍스트의 다음 단어를 예측하는 태스크를 학습하며, 이를 통해 사람이 쓴 것처럼 의미 있는 텍스트를 생성할 수 있는 생성형 AI(Generative AI)라 볼 수 있습니다.

그렇다면 **생성형 AI**란 무엇일까요?

생성형 AI에 대해 알아보기 위해 먼저 인공지능, 머신러닝, 딥러닝에 대해서도 간단하게 살

인공지능	사람처럼 생각하고 행동하는 기계를 구현하기 위한 기술에 대한 연구
머신러닝	알고리즘을 이용하여 데이터를 분석하고, 분석 결과를 스스로 학습한 후, 이를 기반으로 어떠한 판단이나 예측을 하는 것
딥러닝	인간의 뇌와 유사한 방식으로 기능하도록 구축된 알고리즘을 사용하는 머신러닝의 한 유형
생성형 AI (LLM) (GAN) (VAE)	인공 신경망을 이용해 새로운 데이터를 생성하는 기술로, 명령어로 사용자의 의도를 스스로 이해하고 주어진 데이터로 학습, 활용하여 텍스트, 이미지, 오디오, 비디오 등 새로운 콘텐츠를 생성하는 인공지능

인공지능의 분류

퍼보겠습니다. **인공지능**이란 사람처럼 생각하고 행동하는 기계를 구현하기 위한 기술 또는 이러한 기술에 대한 연구를 총칭하는 개념이라 할 수 있습니다. **머신러닝**은 인공지능의 하위 분야로 알고리즘을 이용하여 데이터를 분석하고 분석 결과를 스스로 학습한 후 이를 기반으로 어떤 판단이나 예측을 할 수 있도록 함으로써 '지능'을 구현하는 소프트웨어를 담당하는 핵심 분야입니다. **딥러닝**이란 머신러닝 알고리즘의 하나로, 인간의 뇌와 유사한 방식으로 기능하도록 구축된 알고리즘인 인공 신경망을 기반으로 하는 방법을 의미합니다. 머신러닝에서는 데이터에서 특징을 추출하는 부분과 분류하는 부분이 각각 독립적으로 작동했다면 딥러닝에서는 인공 신경망을 구성함으로써 특징의 추출과 분류가 유기적으로 이루어져 계층적으로 학습한 결과를 토대로 결과물을 만들어내어 성능이 매우 좋아졌습니다.[1]

생성형 AI란 인공 신경망을 이용하여 새로운 데이터를 생성해내는 기술입니다. 명령어를 통해 사용자의 의도를 스스로 이해하고 주어진 데이터로 학습한 뒤 이를 활용해 텍스트, 이미지, 오디오, 비디오 등 새로운 콘텐츠를 생성해낼 수 있습니다.

기존의 딥러닝이 데이터를 기반으로 예측 또는 분류하는 일을 할 수 있었다면 생성형 AI는 여기에 한발 더 나아가 결과물을 만들어내는 단계로까지 진화한 것이라 볼 수 있습니다. ChatGPT처럼 챗봇 서비스에 가장 널리 사용되고 있는 생성형 AI 모델은 **LLM**(Large Language Model)입니다. **대규모 언어 모델** 또는 **거대 언어 모델**이라고 불리는 LLM은 대규모 데이터

---

1 『AI와 데이터 분석 기초』(윤상혁, 양지훈, 2021)의 자료를 활용하여 재작성(홍지연, 2023)

세트에서 얻은 지식을 기반으로 텍스트와 다양한 콘텐츠를 인식하고 요약, 번역, 예측, 생성할 수 있는 딥러닝 알고리즘입니다. ChatGPT에 적용된 LLM이 GPT이며 2023년 3월에 기존 GPT-3.5보다 약 500배 더 큰 모델 크기를 가진 GPT-4가 출시되었습니다. 구글의 경우 PaLM(Pathways Language Model)을 활용한 챗봇 서비스인 바드(Bard)를 공개하였습니다.

또한 **생성적 적대 신경망**이라고 불리는 **GAN**(Generative Adversarial Network)은 2개의 인공 신경망이 서로 적대적으로 경쟁하는 관계 속에서 하나의 인공 신경망은 진짜 같은 가짜를 만드는 생산에 집중하고, 다른 인공 신경망은 가짜인지 진짜인지를 판별하는 데 집중해서 학습시키는 방법을 말합니다. 엔비디아(NVIDIA)에서 출시한 GauGAN은 GAN을 활용한 대표적인 이미지 크리에이터 소프트웨어입니다. 선을 그리거나 구간을 설정하면 이에 어울리는 이미지 그래픽이 생성되기 때문에 널리 활용되고 있습니다.

이외에도 '변분 오토인코더'라 불리는 VAE(Variational Autoencoder)도 딥러닝의 생성 모델 중 하나로 높은 차원의 데이터를 낮은 차원의 잠재 공간에 매핑하는 인코더와 이 잠재 공간에서 원래의 데이터 공간으로 매핑하는 디코더로 구성되어 있습니다. 즉, 인코더에서는 입력 데이터를 잠재 공간의 확률 분포로 변환하며, 디코더에서는 이 확률 분포에서 샘플링한 값으로 원래의 데이터를 복원하기 때문에 데이터의 노이즈에 강하며, 다양한 종류의 데이터에 적용할 수 있다는 장점을 가지고 있습니다.

이상으로 ChatGPT와 생성형 AI에 대해 간략하게 알아보았습니다. 다음은 ChatGPT에게 인공지능, 머신러닝, 딥러닝, 생성형 AI, 그리고 ChatGPT의 개념을 정리해달라고 요청한 결과입니다. 어떻게 설명하는지 확인해보세요.

👤 인공지능, 머신러닝, 딥러닝, 생성형 AI의 개념과 관계를 설명하고, 이를 바탕으로 ChatGPT의 개념을 정리해주세요.

- 인공지능(AI): 가장 광범위한 개념입니다. 일반적으로 인간의 지능이 필요한 작업을 기계나 컴퓨터가 수행하도록 한다는 아이디어를 말합니다. 여기에는 자연어 이해, 패턴 인식, 문제 해결 및 의사 결정 등과 같은 작업이 포함됩니다.

- 머신러닝(ML): 이것은 AI의 하위 집합입니다. 기계 학습에서 컴퓨터는 작업을 수행하도록 명시적으로 프로그래밍되지 않습니다. 대신, 작업을 수행하는 방법을 배울 수 있도록 하는 대량의 데이터 및 알고리즘을 사용하여 '학습'됩니다. 시간이 지남에 따라 더 많은 데이터에 노출되어 성능이 향상됩니다.

- 딥러닝(DL): 머신러닝의 한 유형입니다. 여러 계층이 있는 인공 신경망을 사용하므로 '딥'이라는 용어가 사용됩니다. 이러한 네트워크는 인간의 두뇌가 작동하는 방식을 모방하여 각 계층이 특정 기능이나 패턴을 추출하는 방법을 학습하는 일련의 상호 연결된 계층을 통해 데이터를 처리합니다.

- 생성형 AI: 위에서 설명한 딥러닝을 기반으로 새로운 데이터를 생성하는 인공지능의 한 분야입니다. 이는 텍스트, 이미지, 음악 등의 기존 데이터에 대한 학습을 통해 새로운, 원본 데이터와 유사한 콘텐츠를 생성하는 모델을 포함합니다. 이러한 모델은 학습 데이터의 기본 패턴과 구조를 학습하고, 이러한 이해를 바탕으로 새로운 콘텐츠를 생성합니다. 생성형 AI의 예로는 텍스트를 위한 GPT-3, 이미지를 위한 생성적 적대 신경망(GANs), 다양한 데이터 유형을 위한 변분 오토인코더(VAEs) 등이 있습니다.

따라서 위의 개념들을 바탕으로 ChatGPT를 설명하자면, ChatGPT는 딥러닝 모델의 한 예입니다. 이는 텍스트를 이해하고 생성하는 데 훈련된 컴퓨터 두뇌와 같습니다. 딥러닝 모델의 일종인 Transformer 아키텍처를 기반으로 OpenAI에서 개발한 언어 모델로서 인터넷에서 많은 양의 텍스트 데이터에 대해 훈련되었으며 주어진 입력을 기반으로 인간과 유사한 텍스트를 생성합니다. 그러나 ChatGPT는 인간이 이해하는 방식으로 텍스트를 이해하지 못한다는 점에 유의해야 합니다. 신념, 욕망, 감정이 없습니다. 학습한 패턴을 기반으로 텍스트에서 다음에 오는 내용을 예측하여 응답을 생성합니다.

ChatGPT의 특징

그렇다면 ChatGPT가 가진 특징을 한번 정리해볼까요?

첫째, 기존의 검색 엔진은 키워드 검색을 통한 정보를 제공했다면 ChatGPT는 언어 모델을 사용해 사용자 질문에 대한 대답을 만들어냅니다. 이때 사용되는 대규모 언어 모델(LLM, Large Language Model)은 사람들이 사용하는 언어, 즉 자연어를 학습해 실제 인간이 사용하는 것과 유사한 문장을 생성할 수 있는 것입니다. 따라서 사람과 같은 표현을 사용해 훨씬 더 편하고 생동감이 있습니다.

둘째, 기존의 검색 엔진은 새로운 정보를 만들어낼 수 없는 반면 ChatGPT는 사용자가 질문한 것에 대해 LLM 모델을 통해 학습한 내용을 바탕으로 새로운 답변을 생성하여 제공할 수 있습니다. 따라서 ChatGPT의 답변을 보고 사용자가 내용 수정을 요청할 수 있고 이를 반영해 새로운 정보를 추가하거나 수정하여 답변을 재생성합니다.

셋째, 기존의 검색 엔진은 단순한 키워드 검색을 통해 정보를 제공할 뿐 사람과의 실제적인 상호작용이 없지만, ChatGPT는 사람과 대화에서 말한 것을 기억하고 해당 답변에 대한 추가 질문을 통해 대화를 이어가는 상호작용이 가능합니다. 또한 질문의 의도와 맥락에 따라 실제 ChatGPT와 상호작용하는 사람과 같은 대화 능력으로 사용자 맞춤형 정보를 제공할 수 있습니다.

넷째, 기존의 검색 엔진은 검색할 때마다 독립적으로 정보를 제공하지만 ChatGPT는 사람의 연속되는 질문을 이해하며 의도에 맞는 결과를 제공합니다. 즉, 이전 질문을 기억하고, 다음 질문과의 연관성을 고려하여 답변한다는 의미입니다. 자연어 처리 기술을 통해 질문과 문맥상 이해도가 높아 질문한 사람의 의도에 맞는 결과를 제공할 수 있죠.

ChatGPT는 사회적으로 문제가 될 수 있는 질문에 대한 답변을 거부하고 윤리적 규범 내에서 답변을 제공합니다. 이와 같은 맥락으로 ChatGPT를 사용하는 나이에 대한 제한을 18세로 두고 있으며 13세 이상~18세 미만은 보호자의 승인을 요청하고 있습니다. 인공지능 기술이 혹시라도 어린 사용자에게 미칠 부정적인 영향을 방지하려는 조치입니다.

하지만 이러한 여러 가지 특징 말고도 ChatGPT가 가지는 문제점도 있습니다. 답을 만들어내다 보니 사실이 아닌 것을 사실처럼 보이게 대답하거나, 대답의 근거가 되는 출처를 가짜로 만들어내기도 합니다. 이러한 문제는 표절 논란, 정보 도용, 저작권, 잘못된 답변으로 인한 신뢰성 논란 등 사회에 많은 혼란을 줄 수도 있습니다. 또한 현재 2021년 9월까지의 정보만 학습되어 있어 최신성이 부족하며 현재를 기준으로 한 정확한 답변을 받기 어렵습니다.

다음은 ChatGPT의 특징을 장점과 단점으로 나누어 표로 설명하되 예시를 포함해 설명해달라고 요청했을 때 ChatGPT가 생성한 답변입니다.

👤 **ChatGPT의 특징을 장점과 단점으로 나누어 표로 정리하여 설명해주세요. 예시도 함께 포함해서 설명해주세요.**

🟢 ChatGPT의 장점과 단점을 표로 나타내면 다음과 같습니다.

장점	설명	예시
1. 다양한 주제 이해	ChatGPT는 다양한 주제에 대해 이해하고 있어 사용자의 질문이나 대화에 적절한 답변을 제공할 수 있습니다.	"지금 날씨 알려줘" "세계에서 가장 높은 산은 무엇인가요?"
2. 창의적인 답변 제공	ChatGPT는 예상치 못한 질문에도 창의적이고 재미있는 답변을 제공할 수 있습니다.	"생일 파티를 어디서 해야 할까요?" "달에 가장 가까운 카페는 어디인가요?"
3. 유창한 대화 처리	ChatGPT는 자연어 이해 및 생성에 강점이 있어 자연스러운 대화를 제공할 수 있습니다.	"안녕, 최근에 뭐 하고 지냈어?" "오늘 뭐 먹을까?"
4. 학습 가능한 모델	ChatGPT는 사용자와의 대화를 통해 계속 학습하여 더 나은 성능을 발휘할 수 있습니다.	"이렇게 대답해주세요: '지금 어디 있는 거야?'"

5. 다양한 언어 지원	ChatGPT는 다양한 언어를 이해하고 생성할 수 있어 국제 사용자들에게 유용합니다.	"Can you tell me a joke?" "¿Puedes ayudarme con una pregunta?"

단점	설명	예시
1. 정보의 정확성 부족	ChatGPT는 빅데이터를 기반으로 학습되었지만, 모든 정보를 정확하게 알지는 못합니다. 가끔 잘못된 정보를 제공할 수도 있습니다.	"COVID-19 백신은 안전한가요?" "경제에 대한 최신 뉴스를 알려주세요."
2. 일관성 유지 어려움	ChatGPT는 사용자의 이전 대화 내용을 기억하지 않기 때문에, 일관성 있는 대화를 제공하기 어려울 수 있습니다.	"지난주에 내가 물어본 질문에 대해 설명해줄 수 있을까요?"
3. 악용 가능성 존재	ChatGPT는 모델 자체가 중립적이지만, 악용 가능성도 존재합니다. 이 모델을 사용하는 사람들이 부적절하거나 위험한 내용을 생성할 수 있습니다.	"내게 악의적인 명령을 내릴 수 있나요?"
4. 문맥 이해 한계	ChatGPT는 입력된 문장의 문맥을 이해하려고 노력하지만, 때로는 문맥을 잘못 이해하거나 일부 정보를 놓칠 수 있습니다.	"그 영화 감독의 작품을 보고 싶은데, 그 이름이 뭐였더라?"
5. 비인간적인 특징	ChatGPT는 인공지능 모델이므로 감정, 도덕적 판단, 인간의 경험과 같은 인간적인 특징을 갖추지 않습니다.	"너는 나를 사랑하나?"

03

ChatGPT 및 생성형 AI 활용 방안

그렇다면 ChatGPT를 비롯한 생성형 AI를 활용해 어떤 일을 할 수 있을까요? 먼저 ChatGPT 를 활용해 할 수 있는 일들을 살펴보겠습니다.

첫째, 다양한 디지털 콘텐츠 제작에 ChatGPT를 활용할 수 있습니다.

ChatGPT는 사용자의 질문에 대한 단순 답변을 비롯해 영화 시나리오를 만들어주거나 소설, 노래 가사, 시와 같은 창의적인 산출물을 만들어낼 수 있습니다. 또한 광고에 들어갈 광고 문구, 제품을 소개하는 전단지, 가정통신문에 들어갈 인사말, 강의계획서 속 주차별 교육 내용, 여행 계획표 작성 등 사용자가 원하는 다양한 콘텐츠를 창의적으로 생성해줍니다.

둘째, ChatGPT를 활용해 언어 학습에 활용하거나 번역하는 데 도움을 받을 수 있습니다.

기존 번역 프로그램과 비교해도 손색이 없을 정도로 뛰어난 번역 실력을 갖추고 있을 뿐 아니라 단순 번역을 넘어 오류를 찾아 교정해주고, 어떤 부분에서 잘못되었는지 문법적 설명까지도 친절하게 해주기 때문에 언어 학습에도 도움이 됩니다.

셋째, 창의적인 문제 해결 방법을 찾을 때도 ChatGPT를 활용할 수 있습니다. 사용자가 해결하고자 하는 문제가 있고 이 문제를 해결할 전략이나 방법이 떠오르지 않을 때 ChatGPT에 해결 방법에 대해 문의하면 관련된 답변을 얻을 수 있습니다. 또한 문제와 관련된 다양한 질문을 주고받는 과정에서 사용자가 해결책에 대한 실마리를 찾거나 문제 해결 방법을 도출해내는 데 도움을 받을 수 있습니다.

넷째, 논문 작성과 같은 전문적인 작업에도 ChatGPT를 활용할 수 있습니다.

논문을 요약해 초록을 작성하거나 창의적인 연구 제목에 대한 제안도 ChatGPT가 해줄 수 있습니다. 또한 연구 목차를 생성하고 향후에 진행될 후속 연구에 대한 아이디어도 얻을 수 있습니다. 특히 특정 주제에 대한 글 작성이나 작성한 논문 내용 중 문법을 교정해야 할 때, 번역이 필요할 때도 ChatGPT의 도움을 받을 수 있습니다. **단, 레퍼런스**(참고 자료)**를 찾거나 사실에 기반한 내용 작성이 필요할 때는 주의**하는 것이 좋습니다. ChatGPT가 **없는 레퍼런스를 생성하거나 없는 사실을 마치 있는 것처럼 작성**해줄 수도 있기 때문입니다.

다섯째, 프로그래밍 작업을 할 때 ChatGPT를 활용할 수 있습니다.

ChatGPT를 이용하면 간단한 코드를 작성할 수 있고 코드 속 오류를 찾거나 수정할 수 있습니다. 프로그램 설치 방법이나 업데이트 방법에 대한 안내도 가능하며 오류가 있는 코드의 원인을 찾아 그 이유를 설명해주기 때문에 프로그래밍을 공부할 때 튜터처럼 활용할 수도 있습니다.

이외에도 ChatGPT를 활용해 자녀 교육에 대한 상담, 청소년 상담처럼 대화를 통한 상호작용이 필요한 일에 얼마든지 활용될 수 있습니다.

다음 페이지의 내용은 ChatGPT를 포함한 다양한 생성형 AI의 용도와 장점, 유의점 등을 정리한 표입니다. 다음 서비스들은 계속해서 업데이트되고 있으므로 이 점을 감안하여 살펴보기를 바랍니다.

이름	용도	장점	유의점
미드저니 (Midjourney)	새로운 이미지 생성	• 원하는 문장이나 문구를 입력하면 이미지 생성이 가능함 • 참조할 이미지 주소를 넣음으로써 원하는 스타일의 이미지 생성이 가능함	• 유료 요금제를 사용해야 이미지 생성 가능
달리 2 (DALL·E 2)	새로운 이미지 생성	• 원하는 문장이나 문구를 입력하면 이미지 생성이 가능함	• 불완전한 문구나 문장으로는 이미지 생성 불가 • 비교적 시간이 오래 걸림
딥드림 제너레이터 (Deep Dream Generator)	새로운 이미지 생성	• 미술 작품의 느낌을 주는 이미지를 생성해줌 • 문장 입력 외에도 AI 모델, 네거티브 프롬프트, 얼굴 보정 등 선택 가능	• 처음에 100포인트 지급 후 이미지 생성마다 차감하는 방식으로 이후 유료 서비스
스테이블 디퓨전 (Stable Diffusion)	새로운 이미지 생성	• 문장을 입력하면 이미지 생성이 가능하며 네거티브 프롬프트 입력 등도 선택 가능함	• 설치 파일을 다운로드받아야 함 • 2.1 Demo 버전을 사용하면 웹에서 가능
픽파인더 (PicFinder)	새로운 이미지 생성	• 문장을 입력하면 한 번에 여러 장의 이미지 생성되어 선택할 수 있음	• 500장까지 무료이며 이후 유료인데, 한 번에 많은 이미지를 생성되어 유료 전환이 빨리 됨
노벨AI (NovelAI)	• 새로운 이미지 생성 • 텍스트 생성	• 만화풍의 일러스트를 그려줌 • 이미지 생성으로 좋아하는 스타일의 자신만의 캐릭터 시각화 가능 • 텍스트를 입력하면 다음에 나올 문장을 예측하여 이야기를 이어감	• 애니메이션 이미지나 그림을 생성해보기 위한 무료 체험판이 없음 • 유료 요금제를 사용해야 이미지 생성 가능
빙AI (BingAI)	• AI 채팅 서비스 • 이미지 생성	• 검색 결과의 정확성을 높이기 위해 다양한 인공지능 기술을 사용하고 있어 정확한 정보를 빠르게 제공함 • 음성 검색 기능 • 이미지를 생성함	• 엣지 브라우저에서만 사용 가능 • DALL·E 모델을 사용해 하루에 25개의 이미지를 생성 가능 • 최신 정보를 반영한 응답 가능
챗GPT (ChatGPT)	• AI 채팅 서비스 • 문서 초안 작성/ 번역/교정 가능	• 사용자의 다양한 질문에 대한 원활한 답변이 가능 • 코드 작성이나 오류 수정이 가능 • 역할을 나누어 스스로 토론도 가능 • 플러그인 기능으로 외부 서비스 및 API 통합 사용 가능	• 사실이 아닌 것을 사실처럼 답변할 수 있으므로 사실 여부가 중요한 질문인 경우 답변에 대한 사실 여부 확인해야 함 • 무료의 경우 하루에 100개까지 질문 가능

바드 (Bard)	AI 채팅 서비스	• 영어 다음으로 한국어를 지원해 한국어로 원활한 소통이 가능 • 웹 검색에 관한 구글의 최신 데이터를 제공하며 출처를 밝히고 있음 • 음성 검색 기능 사용 가능	• 현재 구글 계정만 있으면 무료로 사용 가능
아숙업 (AskUp)	카카오톡에서 실행되는 AI 채팅 서비스	• ChatGPT의 모든 기능이 사용 가능하며 이미지 입력 및 글자 인식 가능 • 실시간 정보 활용 가능 • 이미지 입력 및 문자 인식 가능	• ChatGPT에 비해 답변의 길이에 제한이 있음 • 복잡한 수식이 있는 경우 문자 인식 오류가 있을 수 있음
챗PDF (ChatPDF)	입력한 PDF에 대한 학습	• PDF 파일 속 내용을 빠르게 파악할 수 있음 • 다국어 지원이 가능	• 민감한 문서의 경우 보안 문제가 발생 가능
TLDRThis	영문 요약	• 웹문서 URL 또는 직접 텍스트 입력도 가능 • 전체 또는 섹션별 선택 요약이 가능 • 뉴스나 논문 등 문헌 요약 용이	• 요약문의 분량을 조정하기 쉽지 않고 한국어 요약이 불가능
페이퍼 다이제스트 (paper digest)	논문 요약	• PDF 파일 업로드 가능 • 본문 내용을 성격에 따라 정리 가능	• Open Access 논문에 한해 동작
딥엘 (DeepL)	다국어 번역	• 앱 활용 시 사진 촬영 입력 가능 • docx, pptx, PDF 파일 전체 번역 가능	• 문서 파일 번역 시 보안 문제가 있을 수 있음 • 무료 번역 길이 제한
커넥티드 페이퍼즈 (Connected Papers)	인용 네트워크 작성	• 인용, 피인용 관계에 따라 중요한 레퍼런스를 탐색함 • 선택한 논문의 초록(요약본)까지 접근 가능 • 피인용수를 직관적으로 알 수 있음	• 모든 논문의 초록에 접근 가능한 것은 아님
퍼플렉시티 (Perplexity)	참고문헌 검색	• 뉴스, 위키백과 등 신뢰하는 데이터를 검색 및 정리하여 제공 • 아이폰 앱에서 제공	• 한 번에 찾을 수 있는 논문 수에 제한이 있음 • Scopus[2] 데이터를 검색하지 않음
엘리싯 (Elicit)	참고문헌 검색	• 저널 데이터를 전문적으로 검색·정리해서 제공 • 초록 요약, 주요 결과물 요약 제공	• 최신 정보에 취약 • Scopus 데이터를 검색하지 않음

2 세계 최대의 초록 인용 데이터베이스

04

ChatGPT 활용하는 데 필요한 능력

ChatGPT를 활용하는데 특별한 능력이 필요할까요? ChatGPT를 활용하는 방법은 매우 간단하기 때문에 특별한 능력이 필요하지 않다고 볼 수도 있지만 원하는 답변을 잘 얻어내기 위해서는 특별한 능력이 필요하기도 합니다.

첫째, **질문을 만드는 능력**입니다.

앞에서 여러 차례 언급했던 것처럼 대화형 인공지능 기술인 ChatGPT는 사람과의 상호작용, 즉 사람이 입력한 질문의 범위 내에서 작동합니다. 사실상 같은 질문이라도 어떻게 묻느냐에 따라 전혀 다른 수준의 답변을 내놓기 때문에 질문을 잘 만드는 능력이 무엇보다 필요합니다. 몇 해 전 '오바마에게 아무 질문도 못 하는 한국 기자들'이라는 짤방이 화제가 되었습니다. 이를 두고 정답만을 찾아 답하도록 가르치는 대한민국의 주입식 교육과 권위적인 환경이 문제라고 이야기합니다. 질문하지 않는 대한민국 교육 환경에 과연 ChatGPT는 어떤 변화를 가져올 수 있을지 궁금해집니다.

둘째, **비판적 읽기 능력**입니다.

ChatGPT는 단순히 정보 검색한 내용을 제공하는 것이 아니라 했습니다. 인간과의 자연스러운 대화를 생성해내는 과정에서 없는 사실을 마치 있는 것처럼 만들기도 합니다. 따라서 ChatGPT가 생성해내는 답변을 그대로 사용할 것이 아니라 비판적 읽기를 통해 점검하고, 다시 조정해내는 능력이 필요합니다. 비판적 읽기 능력이 결여된 ChatGPT의 활용은 굉장히 위험할 수 있습니다. ChatGPT에 대한 맹목적인 의존과 믿음은 잘못된 결과를 가지고 올 수 있음을 기억해야 합니다. 또한 한국어보다 영어 데이터가 많기 때문에 영어로 질문했을 때보다 한국어로 질문했을 때 더 많은 오류를 포함할 수 있음을 항상 명심해야 합니다.

셋째, **출처 확인 및 수정 능력**입니다.

비판적 읽기를 통해 판단한 결과에 따른 후속 조치로서 ChatGPT가 만들어낸 답변에서 전달받은 정보에 대한 정확성과 신뢰성을 판단하는 데 필요한 능력이라 볼 수 있습니다. ChatGPT가 생성한 텍스트 정보 속에는 딥러닝 방식에 의해 정보가 잘못 조합되기도 하고, 이렇게 만들어진 초안 자료로 사전 학습해 다시 2차로 잘못된 정보가 재생산되기도 합니다. 따라서 어떤 자료에서 정보를 조합했는지에 대한 출처 확인 작업이 필요하며 이렇게 생성된 정보가 보편성을 가지는지에 대한 판단도 할 수 있어야 합니다. 삭제해야 하거나 수정해야 하는 정보가 포함되어 있다면 이를 고쳐냄으로써 ChatGPT가 제공한 정보를 내 것으로 만들 수 있어야 합니다.

넷째, **윤리의식**입니다.

윤리의식은 다른 AI 도구나 플랫폼을 활용할 때도 필요한 능력이지만 ChatGPT를 사용할 때는 반드시 윤리의식과 사회적 책임감이 필요합니다. ChatGPT는 완전하게 개발이 끝난 상태가 아닙니다. 이것은 ChatGPT뿐 아니라 다른 생성형 AI에 모두 해당하는 부분입니다. 그렇기 때문에 의도치 않은 편향이 존재할 수 있고 이렇게 잠재된 편향으로 인해 위험성을 내포하고 있습니다. 또한 현재까지 2021년 9월까지의 데이터로 학습하였기 때문에 그 이후에 일어난 사건이나 일에 대해서는 부정확한 대답을 할 수 있음을 알아야 합니다. 따라서 이러한 위험성을 항상 민감하게 받아들이고, 책임의식을 가지고 사용해야 합니다.

다섯째, **적극적인 태도와 호기심**입니다.

호기심은 모든 학습에 있어 매우 중요한 부분입니다. ChatGPT를 자신의 문제 해결에 어떻게 활용할 수 있을지, ChatGPT를 통해 어떤 업무의 효율성을 높일 수 있을지, ChatGPT로 자신의 학습에 어떤 도움을 받을 수 있을지 등에 대해 호기심을 가진다면 그 누구보다 빠르게 ChatGPT를 활용하는 능력을 키울 수 있을 것입니다. 적극적인 태도와 호기심으로 끊임없이 질문을 만들어내고, ChatGPT의 답변에 대해 비판적으로 사고하면서 하나씩 문제를 해결하다 보면 자신도 모르는 사이 효율적으로 문제를 해결해가고 있음을 발견할 수 있습니다.

이 책은 교육 분야에서 ChatGPT를 비롯한 생성형 AI 도구를 어떻게 활용하면 좋을지에 대한 고민에서 시작되었습니다. 단순히 ChatGPT를 사용한다고 해서 교육적으로 큰 효과를 볼 수 있다고 생각하지는 않습니다. 하지만 ChatGPT를 문제 해결의 한 방법으로서 사용하고, 다양한 생성형 AI 도구를 활용해 자신의 문제 해결 과정에 도움을 받거나 활용한다면, 이러한 최신 인공지능 정보기술을 활용한 다양한 디지털 컨텐츠를 생산하는 경험을 쌓아간다면 학습자의 창의적 문제 해결 능력 향상에 큰 도움이 되리라 생각합니다.

이 책에 담긴 10가지의 수업 사례는 ChatGPT와 같은 생성형 AI를 단순히 체험해보는 것에 머무르지 않고 이를 활용해 문제 해결의 과정과 결과를 경험하도록 구성하였습니다. 빅데이터를 활용해 얻은 인사이트로 ChatGPT에게 질문할 방향을 정하고, 문제 해결 과정의 도구로서 적절한 생성형 AI 도구를 활용했으며 문제 해결의 결과로서 프레젠테이션이나 영상, 포스터, 뮤직 비디오 등의 산출물이 나올 수 있도록 구성하였습니다. 또한 이 모든 활동이 교육과정과 연계되어 진행될 수 있도록 관련 교과와 교육과정 분석을 통해 교육 활동이 구성되도록 하였습니다. 아무쪼록 이 과정과 결과가 교육 관계자와 학생들의 유의미한 성장에 작은 도움이 되길 기대합니다.

1장

빅데이터의 활용과 ChatGPT

ChatGPT 활용 학습을 준비해요
Tome 활용 수업을 준비해요
빅데이터를 ChatGPT에 활용해요

2020년 발생한 코로나19 이후 현대사회는 이전보다 더욱 빠르게 디지털화가 진행되고 있습니다. 비대면 업무 및 생활이 증가하고, 이에 따라 인터넷과 스마트폰 등 디지털 기술의 사용이 더욱 증가하고 있습니다. 이에 따라 데이터의 양 또한 증가하고 있으며, 빅데이터의 중요성 또한 더욱 부각되고 있습니다.

또한, 2023년의 현대사회는 인공지능 기술의 발전이 가속화되고 있습니다. 인공지능 기술은 이미 다양한 분야에서 활용되고 있으며, 더욱 많은 분야에서 인공지능 기술이 활용될 것으로 예상됩니다. 인공지능 기술은 빅데이터 분석을 더욱 효과적으로 수행할 수 있도록 도와주며, 자동화 및 예측 등의 기능을 제공하여 생산성을 높이는 데에도 기여합니다. 또한 ChatGPT 와 같은 언어 모델을 기반으로 한 생성형 AI는 이러한 내용들을 인간의 언어로 훌륭하게 표현해줍니다.

이러한 빅데이터와 인공지능 기술을 활용하면, 실생활에서 일어나는 다양한 문제의 경향을 파악하고 해결하는 데에도 큰 도움이 될 수 있습니다. 예를 들어, 학생들이 학교에서 겪을 수 있는 다양한 문제에 대하여 빅데이터를 수집하여 분석하고, ChatGPT와 같은 인공지능과의 대화를 통해 이러한 문제의 해결책을 찾아볼 수 있습니다.

또한, 사회적 문제도 빅데이터 분석을 통해 파악할 수 있습니다. 예를 들어 우리 지역에서 나타나는 다양한 민원 데이터를 분석하여 우리 지역에서 어떤 분야에서 문제가 가장 많이 발생하는지 파악할 수 있습니다. 이러한 분석 결과를 바탕으로 해당 문제에 대한 대응책을 세울 수 있습니다.

이렇듯, 빅데이터를 활용하여 실생활에서 발생하는 문제들에 대하여 정보를 수집하고, ChatGPT를 활용하여 이에 대한 대응책을 살펴볼 수 있습니다.

이번 장에서는 빅데이터 사이트를 이용하여 우리 지역의 문제점에 대해 파악해보고 이를 바탕으로 ChatGPT와 대화를 통해 해결책을 알아보는 방법에 대해 배워보겠습니다. 또한 이렇게 만든 자료를 바탕으로 다른 사람에게 발표할 PPT를 인공지능 플랫폼을 통해 만들어보겠습니다.

출처: 미드저니

ChatGPT 활용 학습을 준비해요

수업을 시작하기에 앞서 ChatGPT 사이트에 가입해봅시다. ChatGPT 사이트에 가입하려면 네이버, 구글, 마이크로소프트 등과 같은 서비스의 이메일 계정이 필요합니다. 물론 다른 이메일 서비스도 가능하지만, 이 책에서는 구글 계정을 통해 가입해보겠습니다.

01 https://chat.openai.com에 접속합니다. 회원 가입을 하기 위해 [Sign Up] 버튼을 클릭합니다.

Welcome to ChatGPT

Log in with your OpenAI account to continue

Log in   Sign up

02 계정을 만들 수 있습니다. Email adress 는 본인이 갖고 있는 일반적인 이메일 주소로 ChatGPT 계정을 생성합니다.

본문에서는 구글 계정을 통해 진행할 것이므로 [Continue with Google] 버튼을 클릭합니다.

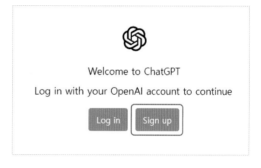

Create your account

Please note that phone verification is required for signup. Your number will only be used to verify your identity for security purposes.

Email address

Continue

Already have an account? Log in

OR

G   Continue with Google

Continue with Microsoft Account

03 기존에 소유하고 있던 구글 계정을 입력하고 [다음] 버튼을 눌러 로그인합니다.

04 사용자의 이름과 생년월일 등 간단한 정보를 입력하고 [Continue] 버튼을 누릅니다.

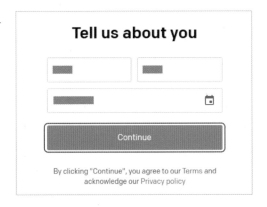

05 휴대폰 번호를 입력한 후 [Send code] 버튼을 눌러 인증 요청을 합니다.

06 입력한 전화번호로 문자가 휴대폰으로 전송됩니다. 사이트 화면에 전송받은 해당 코드를 입력합니다.

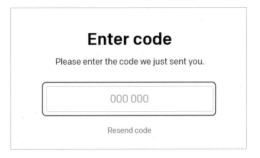

07 아래 그림과 같은 사이트가 나타나면 가입에 성공한 것입니다. 하단의 'Send a message' 입력창을 통하여 질문을 할 수 있습니다.

08 왼쪽 상단의 [+ New chat] 버튼을 통해 새로운 대화를 시작할 수 있습니다.

09 ChatGPT와 나눈 대화는 다음과 같이 목록화되어 저장됩니다. 연필 모양의 버튼(✎)을 눌러 대화창의 이름을 지정할 수도 있습니다. 휴지통 모양의 버튼(🗑)을 누르면 대화 내역이 삭제됩니다.

10 왼쪽 하단에는 설정 메뉴가 있습니다.

- Clear conversations: 모든 대화 목록 삭제

- Upgrade to Plus: 유료 전환

- Dark mode: 검은색 배경 사용

- Get help: 도움말 페이지 이동

- Log out: 계정 로그아웃

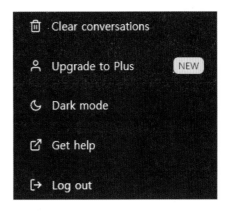

Tome 활용 수업을 준비해요

다음으로 인공지능이 PPT를 만들어주는 사이트인 Tome에 가입해봅시다. Tome 서비스 역시 일반 이메일 주소 또는 구글, 애플 계정 등을 통해 서비스 가입이 가능합니다. 이 책에서는 구글 계정을 통해 가입해보겠습니다.

01 https://tome.app/에 접속합니다. [Try Tome] 버튼을 클릭합니다.

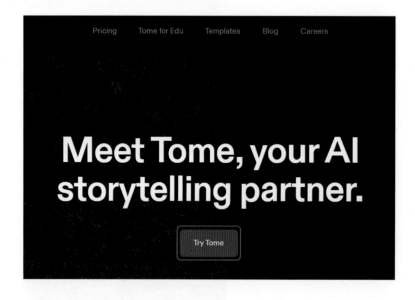

02 계정을 만들 수 있습니다. 본문에서는 구글 계정을 통해 진행할 것이므로 [Continue with Google] 버튼을 클릭합니다.

03 기존의 구글 계정 리스트가 나타나면 서비스 이용에 활용할 계정을 클릭합니다.

04 사용자의 이름과 역할 등을 간단히 설정합니다.

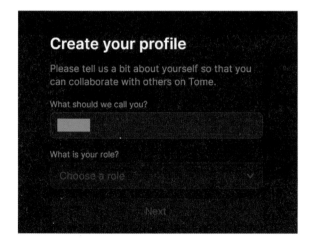

05 자신이 작업하는 워크스페이스 이름을 적어줍니다. 차후 결과물을 공유할 때 이 워크스페이스의 이름이 주소에 나타나게 됩니다.

06 Tome에 가입을 추천한 지인이 있다면 referral link(추천 링크)를 등록하여 혜택을 받을 수 있습니다. 없다면 [Continue] 버튼을 눌러 진행하면 됩니다.

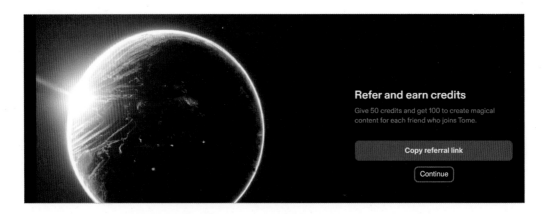

07 그림과 같은 사이트가 나타난다면 가입이 완료된 것입니다. 이제 인공지능 PPT 제작 사이트를 사용할 수 있게 되었습니다!

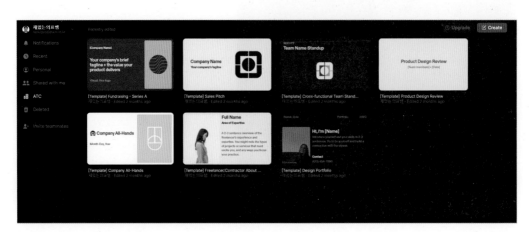

빅데이터를 ChatGPT에 활용해요

한눈에 보는 민원 빅데이터 사이트에 접속해요

'한눈에 보는 민원 빅데이터' 사이트에서는 다양한 통계 및 분석 자료를 바탕으로 국민의 불편함을 지역별·연령별·성별에 따른 정보로 제공하고 있습니다. 이 사이트를 이용하면 우리 지역에서 겪는 다양한 불편함에 대해 손쉽게 조사할 수 있습니다. 인터넷 주소창에 [https://bigdata.epeople.go.kr/]를 입력합니다.

01 메인 페이지에서 왼쪽 상단의 [통계정보]를 클릭합니다.

02 [지역별 현황]을 클릭합니다. 정보를 얻고 싶은 지역을 클릭하면 해당 지역의 주된 민원 키워드가 나타납니다.

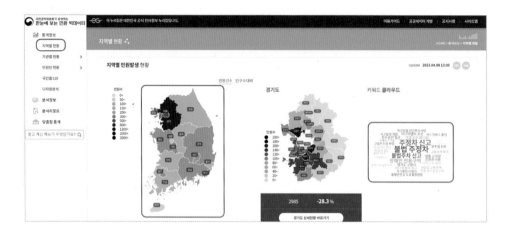

03 다음과 같이 각 지역별 주요 키워드 및 민원 현황 등에 관한 통계 현황을 살펴볼 수 있습니다.

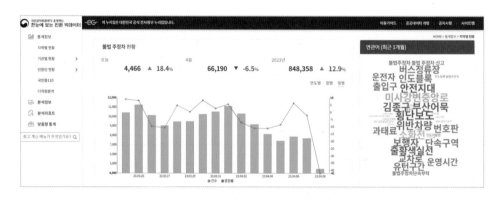

04 분석 정보 메뉴에서는 각 지역의 민원 중 핵심 민원을 키워드로 살펴볼 수 있습니다.

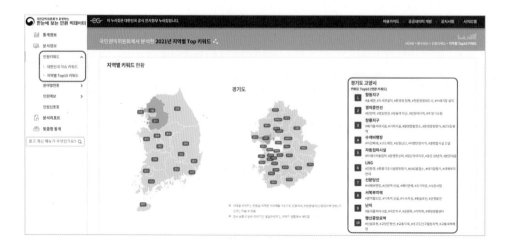

이제 앞의 소개처럼 '한눈에 보는 민원 빅데이터' 사이트에서 얻은 주요 키워드를 바탕으로 우리 지역의 주요 문제에 대해 살펴볼 수 있습니다. 본문에서는 크게 3가지 주요 지역 문제를 다루겠습니다. 주요 문제는 다음 ChatGPT에 질문할 때 살펴볼 수 있습니다.

ChatGPT를 활용해요

앞의 '한눈에 보는 민원 빅데이터' 사이트를 이용하여 지역사회의 문제 3가지를 선정하였습니다. 선정한 3가지 문제는 다음과 같습니다.

① 쓰레기 소각장 설치로 인한 문제, ② 신호등 미설치로 인한 불편함, ③ 공사장 소음으로 인한 피해

위의 주제로 ChatGPT를 학습에 활용하는 방법에 대해 살펴보겠습니다.

👤 안녕하세요? 저는 당신과 역할을 각각 정하여 대화를 하고자 합니다. 당신의 역할은 다음과 같습니다.

1. 역할: 지역사회 문제 해결 전문가 및 교육자
2. 상황: 주어진 사회 문제에 대하여 국가가 주도해야 할 일, 주민이 주도해야 할 일을 나눠야 함
3. 동작: 주어진 문제에 대한 소개와 함께 국가가 할 일 2가지, 주민이 할 일 2가지 설명하기

우리 지역사회의 문제 3가지는 다음과 같습니다.
1. 쓰레기 소각장 설치로 인한 문제
2. 신호등 미설치로 인한 불편함
3. 공사장 소음으로 인한 피해

🤖 안녕하세요! 저는 지역사회 문제 해결 전문가 및 교육자입니다. 제가 이 문제들에 대한 국가와 주민의 역할에 대해 설명해드릴게요.

1. 쓰레기 소각장 설치로 인한 문제
이 문제는 환경 문제와 건강 문제를 야기하기 때문에, 국가 차원에서 해결해야 할 문제입니다. 국가는 적절한 쓰레기 처리 방법을 모색하고 쓰레기 처리 시설을 구축하는 등의 적극적인 역할을 해야 합니다. 또한 국민들이 적극적으로 분리배출을 실천하도록 교육하는 것도 중요합니다.
주민들은 환경 문제와 건강 문제에 대해 민감한 시민사회가 되어 적극적으로 대처해야 합니다. 이를 위해서는 교육이 필요합니다. 분리배출 교육을 비롯한 환경 보호와 관련된 교육을 지속적으로 진행하여, 주민들이 환경 문제에 대해 더욱 민감하게 대처할 수 있도록 해야 합니다.

2. 신호등 미설치로 인한 불편함

이 문제는 지방자치단체의 적극적인 역할이 필요합니다. 국가가 아니라 지방자치단체가 도로 교통에 대한 권한을 가지고 있기 때문입니다. 따라서 지방자치단체는 도로 교통 현황을 파악하고, 교통량이 많은 지역에는 신호등을 설치하여 교통 안전을 확보해야 합니다.

주민들은 교통 안전을 위해 교통규칙을 지키고, 차량 운전 시 안전을 최우선으로 생각해야 합니다. 또한, 교통상황이 개선되도록 지방자치단체와 소통하며, 시민단체를 조직하여 교통 안전에 대한 의견을 제시하는 것도 중요합니다.

3. 공사장 소음으로 인한 피해

이 문제는 국가와 지방자치단체 모두의 책임입니다. 공사 현장에서 발생하는 소음은 건강 문제뿐만 아니라 생활의 질에도 영향을 미칩니다. 국가와 지방자치단체는 이를 해결하기 위해 공사장에서 발생하는 소음을 줄이기 위한 대책을 세워야 합니다. 이를 위해서는 공사 현장의 위치, 규모 등을 고려하여 적절한 소음 방지 시설을 설치하거나, 공사 시간을 제한하는 등의 대책을 수립해야 합니다.

주민들은 공사 현장에서 발생하는 소음 문제에 대해 민감한 시민사회가 되어 적극적으로 대처해야 합니다. 이를 위해서는 공사 현장에서 발생하는 소음에 대한 신고센터나 시민참여 공간을 마련하여 주민들의 불만사항을 청취하고, 공사 현장의 관리를 강화해야 합니다.

위의 내용을 바탕으로 위의 3가지 문제를 해결하기 위하여 할 수 있는 것들을 국가가 해야 할 일, 주민이 해야 할 일로 나눠어 표로 만들어 정리해줄 수 있을까?

물론입니다. 다음은 위에서 언급한 지역사회 문제들과 각각의 해결 방법에 대해 국가와 주민들이 수행해야 할 역할을 나누어 정리한 표입니다.

문제	국가가 할 일	주민이 할 일
쓰레기 소각장 설치로 인한 문제	적절한 규제 제도 마련 및 대안적인 처리 방법 모색	쓰레기의 분리배출 실천 및 관심 확대
신호등 미설치로 인한 불편함	적절한 교통 시설 구축 및 유지보수	안전한 교통 습관을 갖추고 교통사고 예방
공사장 소음으로 인한 피해	공사 현장의 소음 방지 시설 설치 및 공사 시간 제한 등 대책 수립	시민 참여를 통한 소음 문제 신고 및 안전 수칙 준수

이렇듯 ChatGPT는 질문을 바탕으로 학습자가 궁금해하는 지역사회의 문제에 대한 해결책을 정리해줍니다. **물론 정리된 내용이 정확한지는 뉴스나 검색을 통해 꼭 확인해야 합니다.** 이러한 질문을 바탕으로 다른 사람에게 내용을 전달하기 위해 학습자는 대본 또는 PPT 등의 자료를 만들어야 할 것입니다.

Tome을 활용해 발표 자료를 만들어요

인공지능으로 PPT를 만들어봅시다.

01 Tome 홈페이지에 로그인한 뒤 오른쪽 상단의 [Create] 버튼을 누릅니다.

02 키워드를 입력하는 곳에 적절한 키워드를 입력합니다. 본문에서는 "지역사회 문제와 해결책, 쓰레기 소각장, 국민과 주민이 할 일"이라고 입력하였습니다.

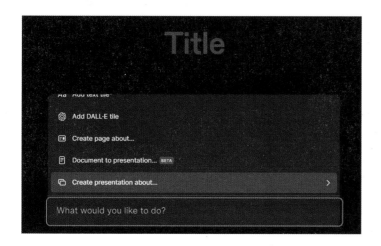

03 키워드를 입력하면 바로 프레젠테이션이 생성되기 시작합니다. 가장 첫 페이지에는 적절한 제목이 생성되고, 이어 왼쪽에 국민과 주민이 해야 할 일 등이 모두 생성됩니다.

04 프레젠테이션에 포함된 사진이 마음에 안드는 경우, 오른쪽의 OpenAI 로고 모양의 아이콘(■)을 클릭하면 명령어를 입력하여 사진의 내용을 바꿀 수 있습니다. 영어만 되니 번역기를 활용하여 입력해서 바꿀 수 있습니다.

Tome 사이트에서는 몇몇 키워드로 이렇게 간단한 PPT의 초안을 만들 수 있습니다. 위에서 만들어진 PPT는 완벽하지는 않지만, 입력된 텍스트의 내용을 발표자가 원하는 대로 바꿀 수도 있습니다. 또한 간단한 디자인도 설정 가능하니 발표 자료를 만들어 손쉽게 활용합시다.

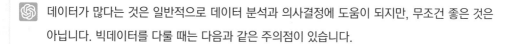

🗣️ 이런 점을 생각해요

정보화 사회, 데이터가 많으면 무조건 좋을까요?

👤 **빅데이터를 다룰 때의 주의점은 무엇이 있을까요?**

🔵 데이터가 많다는 것은 일반적으로 데이터 분석과 의사결정에 도움이 되지만, 무조건 좋은 것은 아닙니다. 빅데이터를 다룰 때는 다음과 같은 주의점이 있습니다.

- 데이터 편향: 데이터가 한쪽으로 치우친 경우, 모델이 편향된 결과를 생성할 수 있습니다. 편향된 데이터는 무작위성을 보장하지 않으며, 결과적으로 일반화 능력이 떨어질 수 있습니다.

- 데이터 프라이버시: 빅데이터를 다룰 때 개인정보와 관련된 이슈가 발생할 수 있습니다. 데이터 처리에 있어 개인정보 보호법 및 관련 법규를 준수하는 것이 중요합니다.

따라서 빅데이터를 다룰 때는 위와 같은 주의 사항들을 고려하여 데이터의 질을 높이고, 편향을 최소화하며, 법적 기준을 준수하고, 적절한 자원과 도구를 활용하여 가치 있는 인사이트를 추출하는 것이 중요합니다.

👤 **데이터 편향의 대표적인 사례는 무엇이 있을까요?**

🔵 데이터 편향의 대표적인 사례는 다음과 같습니다.

- 샘플링 편향: 데이터 수집 과정에서 특정 그룹이 과대 표현되거나 과소 표현되는 경우 발생합니다. 예를 들어, 인터넷 설문조사의 결과가 전체 인구를 대표하지 못하는 경우가 이에 해당합니다.

- 측정 편향: 잘못된 측정 도구나 방법으로 인해 발생하는 편향입니다. 예를 들어, 소득 정보를 자기 보고 방식으로 수집할 때, 사람들이 과장하거나 축소할 가능성이 있습니다.

- 대표성 없는 데이터: 데이터가 모집단을 정확하게 대표하지 못하는 경우 발생합니다. 예를 들어, 특정 인구집단에만 국한된 데이터를 사용해 전체 인구를 대표하는 모델을 만들면, 편향된 결과가 나올 수 있습니다.

데이터 편향을 피함으로써 모델의 정확성, 공정성, 신뢰성을 높일 수 있고, 의사결정 과정에서도 더 정확한 판단과 조치를 취할 수 있게 됩니다. 이는 기업이나 조직의 성장에 기여하며, 사회적인 차별 및 불평등 문제를 완화하는 데 도움이 됩니다.

1			빅데이터와 ChatGPT로 해결하는 지역 문제										
관련 교과	시간	관련 학습 요소	컴퓨팅 사고력						인공지능				
			자료 수집	자료 분석	자료 표현	문제 분해	추상화	알고리즘 (절차)	인식	표현/추론	학습	상호 작용	사회적 영향
국어·사회	2차시		V	V	V				V	V	V	V	V

학습 주제	지역사회의 문제점을 조사하고 이에 따른 해결 방법을 파악하여 발표 자료 만들기
성취 기준	[9국03-06] 다양한 자료에서 내용을 선정하여 통일성을 갖춘 글을 쓴다. [9국03-04] 쓰기는 주제, 목적, 독자, 매체 등을 고려한 문제 해결 과정임을 이해하고 글을 쓴다. [9사04-03] 지방자치제도의 의미와 특징을 이해하고, 지역사회의 문제를 해결하기 위한 시민 참여 활동을 조사한다. [9사08-04] 도시 문제를 해결하여 살기 좋은 도시로 변화된 사례를 조사하고, 살기 좋은 도시가 갖춰야 할 조건을 제안한다.
학습 도구	컴퓨터 또는 태블릿, ChatGPT, 한눈에 보는 민원 빅데이터 사이트, Tome

교수-학습 활동 요약	
동기 유발	• 우리 사회가 안고 있는 문제는 무엇일까요? – 행정안전부 영상 시청하기: [https://www.youtube.com/watch?v=FJCHfXwlzHc]
학습 활동	[학습 목표] 지역사회의 문제점과 해결 방법을 발표하기 • [활동 1] 지역사회의 문제점 조사하기 – 한눈에 보는 민원 빅데이터 사이트 활용법 익히기 [통계정보 – 지역별 현황 – 키워드 살펴보기] 한눈에 보는 민원 빅데이터 [https://bigdata.epeople.go.kr/] – 한눈에 보는 민원 빅데이터 사이트를 이용하여 우리 지역의 문제점을 확인해봅시다. – 한눈에 보는 민원 빅데이터 사이트의 키워드를 활용하여 우리 지역의 문제점을 정리해봅시다. • [활동 2] ChatGPT를 통해 해결 방법 물어보기 – ChatGPT에게 역할을 부여합니다. – 정리한 자료를 바탕으로 ChatGPT에게 우리 지역의 문제점을 학습시킵니다. – 문제점을 해결하기 위한 방법에 대해 질문합니다. – ChatGPT가 제시한 해결 방법이 올바른 방법인지 검토합니다. • [활동 3] 인공지능 PPT 플랫폼 Tome로 발표 자료 만들기 – Tome 사이트 사용 방법 익히기 [https://beta.tome.app] – Tome 사이트를 통해 조사한 내용을 입력하고 자동으로 PPT를 만들어봅시다. – 자동 완성된 PPT를 발표하기 좋게 정리합니다.
학습 정리	오늘 배운 내용 정리하기
평가	[자기 평가] ChatGPT를 활용해 지역사회의 문제점을 해결하는 발표자료를 만들 수 있는지 스스로 평가하기

2장

AskUp을 활용해

디지털 오답 노트 만들기

AskUp 활용 수업을 준비해요
EBSi와 AskUp을 활용해요

인공지능 튜터 시스템은 학생들에게 맞춤형 학습을 제공하도록 설계된 프로그램입니다. 각 학생의 개별 요구와 선호도를 기반으로 학습 경험을 개인화하고 이를 통해 학생의 학습 속도와 수준에 맞게 학습할 수 있도록 돕습니다. 또한 인공지능 튜터 시스템은 즉각적인 피드백을 제공하여 학생들의 학습 과정을 추적하고, 진행 상황을 확인하는 데노 도움을 줍니다. 이러한 프로세스는 학생들의 학습 동기 유지에 도움이 될 수 있고 언제 어디서든 활용할 수 있는 인공지능 튜터 시스템을 통해 학생들은 자신의 일정에 맞게 학습을 이끌어갈 수 있습니다.

전 세계에서 가장 유명한 에듀테크 서비스 중 하나인 듀오링고(Duolingo)는 인공지능 기술의 고도화를 통해 완전화된 개인화 학습을 제공하는 인공지능 튜터로 변모하고 있습니다. 망각이론을 바탕으로 학습자가 학습한 단어를 언제쯤 망각할지를 예측해 학습해야 할 단어의 노출 정도, 노출 시기와 같은 스케줄링을 통해 학습자에게 자료를 제공합니다. 구글 클라우드는 구글 클라우드 환경에서 API 형태로 제공하는 온라인 튜터 플랫폼을 공개하였습니다. 교수자가 직접 자신들에게 필요한 인공지능 튜터를 설계할 수 있도록 도와주는 플랫폼으로서 문자 대화 기반의 소통을 수행하며 학생의 학습 목표 달성을 위한 질문이나 활동을 생성하고, 학생들의 학습 목표에 맞는 교육자료를 지속적으로 제공합니다. 단답형, 선다형, 요약/패러프레이징, 빈칸 채워넣기 등의 학습 활동이 가능합니다.

이렇게 인공지능 기술을 잘 활용하면 학생 개개인에게 최적화된 인공지능 선생님을 만들어줄 수 있습니다. 이번 장에서는 카카오톡에서 GPT-4와 OCR을 결합한 서비스인 AskUp(아숙업)을 활용해 혼자 해결하기 힘든 수학이나 과학 문제를 물어보고, 문제 풀이 과정을 디지털 오답 노트로 만들어보는 활동을 해보겠습니다. 디지털 오답 노트는 학생들이 자신의 학습 과정을 더 잘 이해하고 학습한 내용을 강화하는 데 도움이 될 수 있습니다. 튜터 선생님이 된 인공지능과 함께 디지털 오답 노트를 만드는 과정에 자신의 학습을 스스로 이끌어가는 힘을 키워보세요.

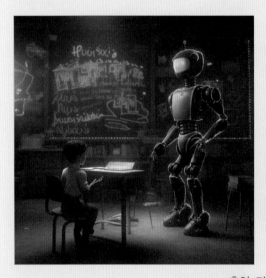

출처: 미드저니

AskUp 활용 수업을 준비해요

ChatGPT를 기반으로 OCR 기술을 결합해 사용자가 찍은 문서 사진이나 이미지의 내용을 이해하고 답변하는 AskUp에 대해 알아봅니다. AskUp을 설치하기 위해서는 카카오톡이 설치된 스마트폰이 필요합니다.

01 카카오톡을 실행한 후 상단에 있는 돋보기 아이콘(🔍)을 터치합니다. 상단 검색 창에 'askup'을 입력하고 검색 결과에서 AskUp 채널을 찾습니다.

02 새 창에서 [채널 추가] 버튼을 눌러 AskUp 채널 추가를 완료합니다. AskUp 채널 추가가 완료되면 새로운 채팅방이 자동으로 만들어집니다.

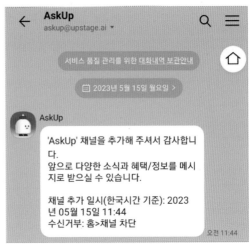

03 일반적인 지식에 대해 질문할 수 있습니다. AskUp이 질문에 대해 답변하는 것을 확인할 수 있습니다.

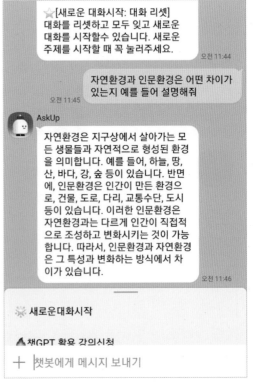

04 일반적인 지식이 아닌 문제 해결 방법을 알기 위한 질문도 할 수 있습니다. 부적절한 언어 사용 방지를 위해 필터링 알고리즘이 사용되고 있습니다.

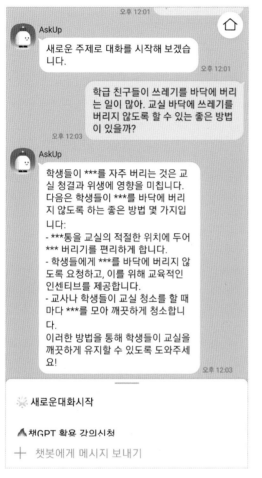

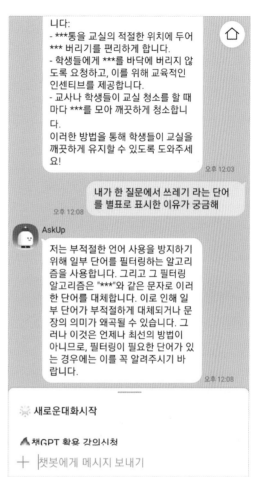

EBSi와 AskUp을 활용해요

문제 풀이를 위해 EBSi에 접속해요

EBSi 사이트는 고등학생을 대상으로 체계적인 강좌/교재 커리큘럼과 최고의 선생님들이 수능, 내신 강의 서비스를 제공합니다. 이 사이트를 이용하면 수능 기출문제를 풀어보며 스스로 학습할 수 있습니다. 인터넷 주소창에 [https://www.ebsi.co.kr/ebs/pot/poti/main.ebs]를 입력합니다.

01 메인 화면 왼쪽 상단의 [회원가입] 메뉴를 클릭하여 회원가입 후 로그인합니다.

02 메뉴 중 [기출문제]에서 [고1]을 선택합니다. 학생들의 학년에 따라 선택이 달라질 수 있습니다.

03 [3월], [수학]에 체크하여 [검색] 버튼을 눌러 검색한 뒤 문제를 다운로드합니다.

04 다운로드한 문제를 풀어봅니다.

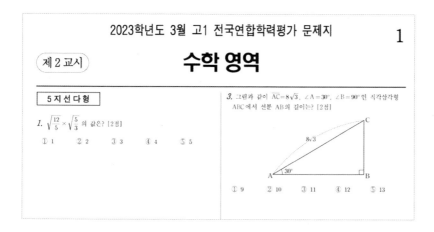

이제 수학 문제를 푸는 중 잘 이해가 되지 않거나 오답풀이가 필요한 경우에 활용할 수 있는 AskUp을 활용해보겠습니다.

AskUp을 활용해요

EBSi 사이트를 이용하여 다양한 수학 문제를 풀며 공부를 할 수 있음을 알게 되었습니다. 잘 모르는 문제가 나왔을 때 다음과 같은 방법으로 AskUp을 활용합니다.

01 모르는 문제를 사진 촬영한 후 AskUp 채팅방에 업로드합니다. 그리고 문제를 풀어달라고 요청합니다. 문제를 해결하는 방법과 함께 정답을 알려줍니다.

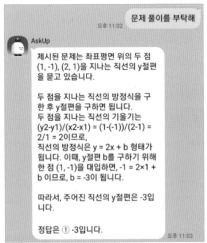

02 같은 방법으로 영어 문제를 풀며 모르는 문제가 있을 때 해당 문제를 사진으로 찍어둡니다.

---

29. 다음 글의 밑줄 친 부분 중, 어법상 틀린 것은? [3점]

The most noticeable human characteristic projected onto animals is ①that they can talk in human language. Physically, animal cartoon characters and toys ②made after animals are also most often deformed in such a way as to resemble humans. This is achieved by ③showing them with humanlike facial features and deformed front legs to resemble human hands. In more recent animated movies the trend has been to show the animals in a more "natural" way. However, they still use their front legs ④like human hands (for example, lions can pick up and lift small objects with one paw), and they still talk with an appropriate facial expression. A general strategy that is used to make the animal characters more emotionally appealing, both to children and adults, ⑤are to give them enlarged and deformed childlike features.

* deform: 변형하다 ** paw: (동물의) 발

[31~34] 다음 빈칸에 들어갈 말로 가장 적절한 것을 고르시오.

31. People differ in how quickly they can reset their biological clocks to overcome jet lag, and the speed of recovery depends on the _____ of travel. Generally, it's easier to fly westward and lengthen your day than it is to fly eastward and shorten it. This east-west difference in jet lag is sizable enough to have an impact on the performance of sports teams. Studies have found that teams flying westward perform significantly better than teams flying eastward in professional baseball and college football. A more recent study of more than 46,000 Major League Baseball games found additional evidence that eastward travel is tougher than westward travel.

* jet lag: 시차로 인한 피로감

① direction
② purpose
③ season

03 AskUp 채팅방에 업로드하고 문제를 풀어달라고 요청합니다. 문제 해설과 함께 답을 알려줍니다.

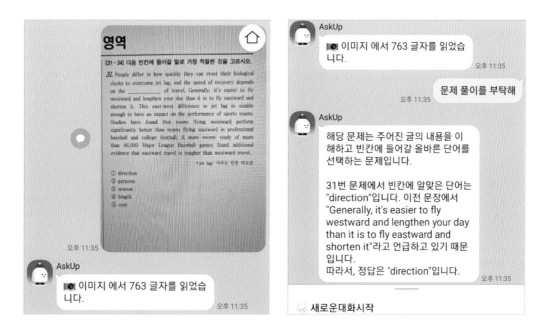

04 영어 지문의 경우 지문의 내용을 번역해달라고 요청할 수도 있습니다. 자신이 읽으며 해석했던 내용과 유사한지 확인합니다.

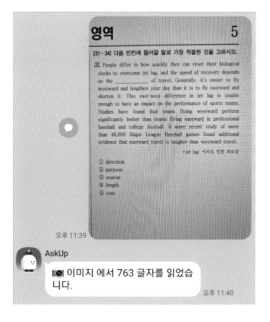
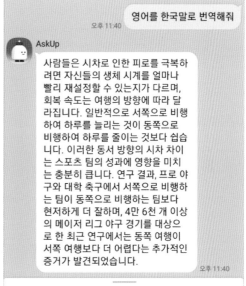

EBSi에서는 문제와 정답, 해설은 물론 강의도 제공하고 있으므로 AskUp의 도움이 필요 없을 지도 모릅니다. 하지만 해설 강의를 듣기 어려운 경우나 필요한 문제의 해설만 빠르게 확인 하고 싶을 때 활용할 수 있습니다. 또한 실제 학생들이 사용하는 문제집에서 잘 이해가 되지 않는 문제가 있을 때 사진으로 찍어 활용할 수 있습니다.

이렇듯 AskUp은 OCR 기능을 활용해 이미지 속 텍스트를 추출해 문제를 해결해줍니다. 손 글씨로 쓴 문제도 잘 읽고 문제 풀이해주니 테스트해보기를 바랍니다.

구글 문서를 활용해 디지털 오답 노트를 만들어요

이제 AskUp의 도움을 받아 푼 문제의 오답 노트를 구글 문서(Google Docs)를 이용해 만들어 봅시다.

01 화면 상단 오른쪽에서 [앱] 메뉴에 있는 [Docs]를 선택 합니다.

02 [템플릿 갤러리]를 클릭합니다.

03 여러 가지 템플릿 중 수업 노트가 적혀 있는 [수업 메모] 템플릿을 선택합니다. 찾기가 어렵다면 단축키 Ctrl+F 키를 눌러서 '수업 메모'로 검색하여 찾습니다.

04 '수업 노트'를 '오답 노트'로 바꾸고 학습한 날짜를 입력합니다.

05 아래에 공부한 과목의 이름을 쓴 후 틀린 문제를 입력합니다.

06 AskUp이 알려준 문제 풀이를 남기기 위해 [삽입] ⇒ [이미지] ⇒ [카메라] 메뉴를 차례로 선택합니다.

07 해당 문제의 풀이 화면을 카메라로 촬영한 후 [삽입] 버튼을 눌러 오답 노트에 해당 사진을 추가합니다.

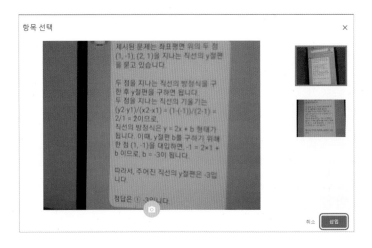

08 문제 풀이 화면이 캡처되어 삽입된 것을 확인할 수 있습니다.

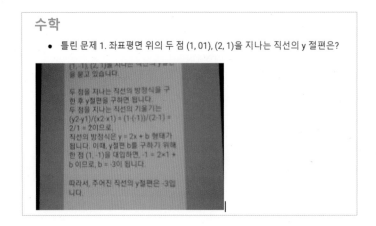

09 직접 풀어보면서 학습하기 위해 [삽입] ⇒ [그리기] ⇒ [+ 새 그림] 메뉴를 차례로 선택합니다.

10 그림을 그릴 수 있는 창이 나옵니다. [선] ⇒ [자유곡선] 메뉴를 차례로 선택합니다.

11 그림판에 문제를 직접 풀고 [저장 후 닫기] 버튼을 클릭합니다.

12 직접 문제를 푼 그림판 이미지를 예시처럼 크기를 줄여 AskUp의 문제 풀이 옆에 둔 뒤 [페이지에 위치 고정]을 누릅니다.

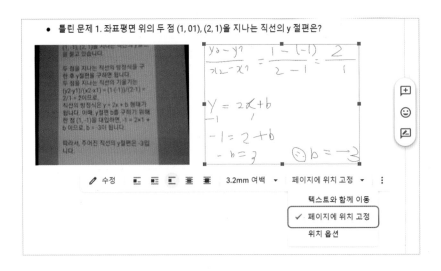

13 나만의 디지털 오답 노트를 완성해갑니다.

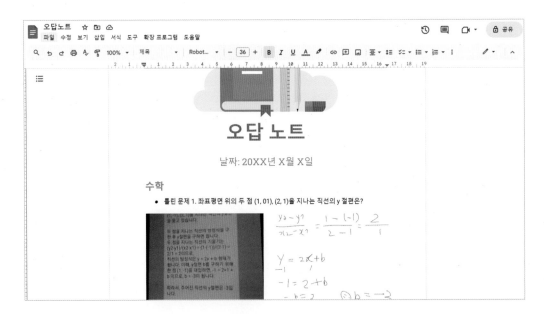

구글 문서를 활용하면 AskUp을 통해 문제 풀이에 도움을 받았던 틀린 문제로 손쉽게 나만의 디지털 오답 노트를 만들 수 있습니다. 이렇게 완성한 오답 노트는 자동으로 저장되므로 언제든 학습할 때 필요하면 열어봅니다. 또 공유를 통해 다른 사람과 배움을 나눌 수도 있습니다.

🐟 이런 점을 생각해요

공부할 때 인공지능의 도움을 받거나 오답 노트를 만드는 것이 유용할까요?

👤 **AskUp의 OCR 기능을 이용해서 모르는 문제를 풀어달라고 하면 공부할 때 도움이 될까요?**

AskUp의 OCR 기능을 사용하여 모르는 문제를 풀어달라고 하면 공부할 때 도움이 될 수 있습니다. OCR은 광학 문자 인식의 약자이며 이미지에서 텍스트를 인식하는 기술입니다. OCR 기능을 사용하면 책, 수업 노트 또는 기타 문서의 사진을 찍고 AskUp에서 텍스트를 인식하도록 할 수 있습니다. 그런 다음 AskUp에서 텍스트를 해석하여 답변을 제공합니다.

AskUp의 OCR 기능은 공부할 때 도움이 될 수 있는 몇 가지 방법이 있습니다.

• 모르는 단어의 정의를 찾을 수 있습니다.

• 모르는 문제를 해결할 수 있습니다.

• 모르는 개념을 이해할 수 있습니다.

• 모르는 주제에 대한 요약을 얻을 수 있습니다.

AskUp의 OCR 기능은 공부하는 데 도움이 되는 유용한 도구가 될 수 있습니다. 그러나 AskUp을 사용하는 것만으로는 충분하지 않다는 것을 기억하는 것이 중요합니다. 책, 수업 노트 및 기타 학습 자료를 읽고 자신의 질문에 답하는 것도 중요합니다. AskUp은 학습을 도울 수 있는 도구일 뿐이지만 학습의 대용품이 아닙니다.

👤 **구글 문서를 활용해 오답 노트를 만드는 게 공부할 때 도움이 될까요?**

예, 구글 문서를 사용하여 오답 노트를 만드는 것이 공부할 때 도움이 될 수 있습니다. 오답 노트는 시험에서 틀린 답을 추적하고 학습할 수 있도록 하는 유용한 도구가 될 수 있습니다. 오답 노트를 만들려면 먼저 시험을 치르고 틀린 답을 모두 적어둡니다. 그런 다음 각 틀린 답에 대해 정답과 설명을 작성합니다. 오답 노트를 만들면 나중에 다시 와서 공부할 수 있습니다. 이렇게 하면 시험에서 틀린 답을 기억하고 실수를 고칠 수 있습니다. 또한 약점을 파악하고 해당 영역을 더 많이 공부하는 데 도움이 될 수 있습니다.

오답 노트를 만드는 방법에는 여러 가지가 있습니다. 종이에 직접 만들거나 구글 문서나 마이크로소프트 워드와 같은 소프트웨어를 사용할 수 있습니다. 소프트웨어를 사용하는 경우 틀린 답을 추적하고 정답과 설명을 추가할 수 있는 템플릿을 찾을 수 있습니다.

▶ 수업에 참고할 지도안

2			AskUp을 활용한 디지털 오답 노트 만들기										
관련 교과	시간	관련 학습 요소	컴퓨팅 사고력						인공지능				
			자료 수집	자료 분석	자료 표현	문제 분해	추상 화	알고 리즘 (절차)	인식	표현/ 추론	학습	상호 작용	사회적 영향
수학 · 영어	2차시		V	V	V				V	V	V	V	V

학습 주제	생성형 AI를 활용해 디지털 오답 노트 만들기
관련 교육 과정	[교수 학습의 방향 및 평가 방법] 〈공통수학1, 2〉 • 내용 특성에 적합한 교구나 공학 도구를 선택하여 효율적인 교수 학습이 이루어지도록 하고 학생들의 디지털 소양 함양을 도모한다. • 사회적 환경, 학생의 요구, 수학 내용의 특성, 수업 방식 등에 따라 온라인을 활용한 교수 학습을 운영할 수 있다. • 온라인 학습 플랫폼이나 학습 관리 시스템을 이용하여 학생의 수행 과정을 관찰하고 개별 맞춤형으로 환류할 수 있다.
학습 도구	컴퓨터 또는 태블릿, AskUp, EBSi, 구글 문서

교수–학습 활동 요약	
동기 유발	• 공부할 때 오답 노트를 작성했던 경험을 떠올려봅시다.
학습 활동	[학습 목표] 생성형 AI를 활용해 디지털 오답 노트 만들기 • [활동 1] AskUp 채널을 추가하고, EBSi에서 문제 찾기 　– AskUp 활용법 익히기 [카카오톡 – 채널 – AskUp 검색 – 채널 추가] 　　채팅방에서 일반 지식 등을 물으며 사용법을 익혀봅시다. 　– EBSi에서 문제를 검색해 다운로드합니다. 　　※ EBSi를 활용하기 어려운 경우 가지고 있는 문제집으로 활용해도 좋습니다. 　– 다운로드한 문제를 풀어봅시다. • [활동 2] AskUp을 활용해 모르는 문제나 틀린 문제 해결하기 　– AskUp을 활용해 모르는 문제를 물어봅시다. 　　모르는 문제를 사진으로 찍은 후 채팅방에 업로드하여 문제를 풀어달라고 요청합니다. 　– AskUp의 문제 풀이 내용을 확인합니다. 문자를 잘못 인식한 경우 오류가 있을 수 있으므로 문제 풀이를 꼼꼼하게 확인합니다. • [활동 3] 구글 문서를 활용해 디지털 오답 노트 만들기 　– 구글 앱에서 Docs를 선택한 후 템플릿에서 수업 메모를 선택합니다. 　– 제목, 날짜, 과목 등을 쓴 뒤 AskUp이 풀어준 문제 화면을 사진으로 찍습니다. 　– 찍은 사진이 삽입되면 그 옆에 직접 문제를 풀면서 공부합니다. 　– 매일 자신이 공부하면서 틀린 문제를 디지털 오답 노트에 기록으로 남깁니다.
학습 정리	오늘 배운 내용 정리하기
평가	[자기 평가] AskUp과 구글 문서를 활용해 나만의 디지털 오답 노트를 스스로 완성할 수 있는지 확인하기

3장

ChatGPT와
Stable Diffusion을 활용한
나만의 그림 갤러리 만들기

Stable Diffusion 활용 학습을 준비해요
구글 프레젠테이션 활용 학습을 준비해요
ChatGPT와 Stable Diffusion으로 갤러리를 만들어보아요 예술은 창의성과 감성을 요구하는 분야로, 인간의 인지 능력, 사회적 상호작용, 문화적 배경 등과 밀접한 관련이 있습니다. 예술적 창의성과 감성은 뇌의 복잡한 인지 과정과 감정적 상태와 연결되어 있습니다. 따라서 인간의 예술적 창의성과 감성은 아직 인공지능이 완전히 이해하고 모방하기 어려운 부분입니다. 그런데도 인공지능은 미술 분야에서도 놀라운 발전을 이루고 있습니다. 기존의 데이터를 바탕으로 패턴을 분석하여 새로운 작품을 생성하기도 하며, 미술 작품의 평가 · 전시 · 보조 등 다양하게 활용되고 있습니다.

미술 분야에서 인공지능 기술 발전은 예술 작품 제작, 분석, 그리고 교육에 변화를 가져올 것으로 예상됩니다. 예술 작품 분석을 위한 알고리즘 개발과 기술적인 지원 역할, 빅데이터와 인공지능을 활용한 전시회 및 컬렉션 관리, 그리고 인공지능을 활용한 그림 그리기 교육 등이 주요 변화 요소입니다. 이러한 변화는 일관성과 효율성을 높이며 창의적인 창작 활동을 지원하며, 미술 관련 직업군의 경쟁력과 성장 가능성을 증대시킬 것으로 전망됩니다.

이러한 활용 방법들을 적극적으로 활용하기 위해서는 인공지능과 미술의 관계에 대한 이해와 함께, 적절한 교육과 훈련이 필요합니다. 따라서 그림에 관심이 있는 일반인이나 화가들은 인공지능의 발전을 주시하면서 적극적으로 활용 방법을 찾아보고, 이에 대한 교육 및 훈련을 받는 것이 필요합니다.

이번 장에서는 사실상 그림 인공지능의 시대를 연 인공지능이라고 평가받는 Stable Diffusion(스테이블 디퓨전) 기술을 제공하는 플랫폼을 활용하여 그림을 그리는 방법에 대해 이해하고 내가 그린 그림을 바탕으로 간단한 그림 갤러리를 구성해보겠습니다.

출처: 미드저니

Stable Diffusion 활용 학습을 준비해요

Stable Diffusion 활용 학습을 준비해요

생성형 AI가 활용되는 분야 중에서 가장 활발하게 확장되고 있는 분야 중의 하나가 '미술' 분야입니다. 그중에서도 Stable Diffusion은 독일에서 개발된 모델로, 오픈소스로 공개되었기 때문에 Stable Diffusion을 기반으로 하는 인공지능 이미지 서비스들이 엄청나게 늘어나고 있습니다. 사실상 그림 인공지능 시대를 열었다고 볼 수 있습니다. 본문에서는 접근을 쉽게 하기 위해 로그인이 필요하지 않은 데모 버전 사이트를 활용하겠습니다.

01 구글 검색창에 "Stable Diffusion Demo"라고 입력합니다.

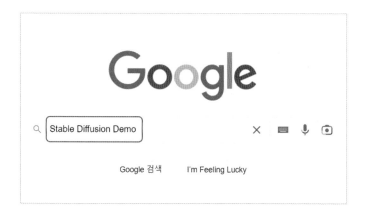

02 검색 결과 제일 상단에 나오는 [Stable Diffusion 2-1...]을 클릭합니다.

03 Enter your prompt에 원하는 문구를 입력하면 그림을 그려줍니다. 영문으로 입력할수록 좋은 결과를 가져옵니다.

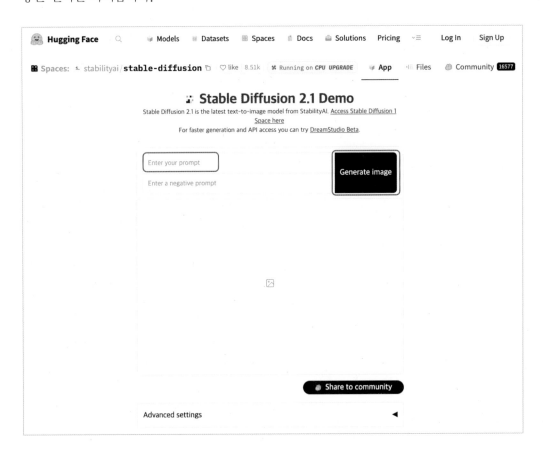

04 Enter your prompt에 "a fantasy castle, Oil painting, disney studio"를 입력한 결과입니다. 4개의 사진을 보여주며 사진에서 오른쪽 마우스를 클릭하여 이미지를 저장할 수 있습니다.

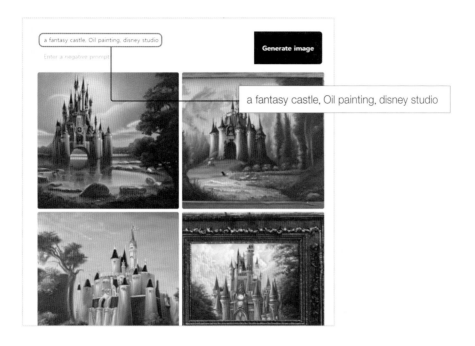

Stable Diffusion 기반 서비스에서 좋은 결과를 얻는 프롬프트 작성법 ················

인공지능에게 작업을 시킬 때는 명령을 내리는 프롬프트를 잘 쓰는 것이 중요합니다. 어떻게 하면 미술 분야의 작품 결과를 얻을 때 프롬프트를 잘 사용할 수 있을까요? 영어를 못한다고 어려워할 필요 없습니다. 아래 규칙을 지키며 실행해보도록 합니다. 다음 명령어들을 순서대로 입력할 때는 ','(콤마)를 주로 사용합니다.

1. 기본적인 프롬프트로 시작하자.

최대한 간단한 단어 형태의 '구'로 작성을 하는 것입니다. 예를 들어 'cute dog', 'a cup of coffee', 'a student with bus'와 같은 형태입니다. 이러한 단어에 그림과 관련된 정보를 추가하는 것입니다.

2. 전체적인 이미지의 스타일을 정하자.

위의 구로 작성한 문장에 그림의 전체적인 이미지의 톤을 결정하는 '스타일'과 관련된 문구를 추가합니다. 관련된 예는 'Realistic', 'Oil painting', 'Pencil drawing', 'Concept Art' 등이 있습니다.

3. 화풍을 추가해보자.

앞선 명령어 뒤에 미술사에 흔적을 남긴 화풍 또는 유명 아티스트의 이름을 추가하여 화풍을 지정할 수 있습니다. 예를 들어 초현실주의 스타일의 이미지를 원한다면 'made by surrealism' 또는 'surrealism'과 같은 문구를 적는 것입니다. 물론 'disney'(디즈니), 'ghibli'(지브리) 등도 가능합니다.

구글 프레젠테이션 활용 학습을 준비해요

최근 많은 플랫폼들이 상대방에게 자료를 전달할 때, 흔히 '링크 주소'의 형태로 공유 자료를 전달합니다. 이러한 '링크 주소'와 '공유'라는 단어를 봤을 때 가장 떠올리기 쉬운 플랫폼을 제공하는 회사 중의 한 곳이 바로 구글입니다. 이러한 구글 서비스 중에서도 구글 프레젠테이션은 발표 형태의 슬라이드를 만들어 상대방에게 자료를 전달하기에 굉장히 적합합니다. 이번에는 상대방에게 공유할 때 '미리보기' 형태로 공유하는 법을 배우겠습니다.

01 구글 사이트에 로그인한 뒤, 오른쪽 상단의 [앱] 메뉴를 클릭하고 [Slides]를 클릭합니다.

02 구글 프레젠테이션의 초기 화면이 나타납니다. '새 프레젠테이션 시작하기'의 [내용 없음]을 클릭합니다.

03 왼쪽 상단을 선택하여 원하는 제목을 설정합니다. 구글 프레젠테이션은 자동 저장이 되므로 별도의 저장을 할 필요가 없습니다.

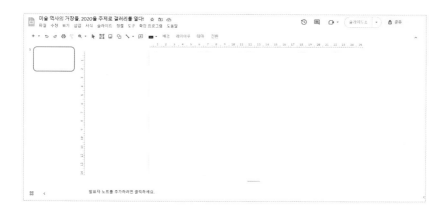

04 자신이 원하는 프레젠테이션을 작성합니다.

05 다른 사용자에게 공유하기 위해 오른쪽 상단의 [공유] 버튼을 클릭합니다.

06 [공유] 버튼을 클릭하면 나오는 메뉴에서 다양한 설정을 합니다. 링크로 배포할 때에는 왼쪽과 같이 설정합니다. 아무나 내용을 수정할 수 없도록 [뷰어]로 권한을 설정합니다. 왼쪽 하단의 [링크 복사] 버튼을 눌러 주소를 복사합니다.

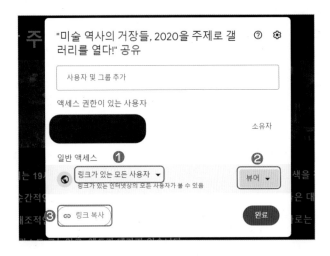

07 브라우저의 URL에 붙여 넣으면 복사된 주소는 왼쪽과 같습니다. 여기서 'edit' 부분을 찾습니다.

08 'edit'를 'preview'로 바꿔줍니다.

09 'edit'를 'preview'로 바꾼 주소를 복사하여 공유하면 미리보기 모드로 공유됩니다.

https://docs.google.com/presentation/d/1zSkmezqlWaIYIJJGhBRc0t_U9tkm19kxmAY2BNIaGLo(preview)?usp=sharing|

ChatGPT와 Stable Diffusion으로
갤러리를 만들어보아요

ChatGPT를 통해 그림에 대한 정보를 구해보아요

ChatGPT를 통해 다양한 질문을 던지고, 돌아오는 답변을 통해 Stable Diffusion에 그려달라고 부탁할 명령어를 선정하고자 합니다. 본문에서는 미술사에 등장하는 다양한 미술 사조에 대한 정보와 해당하는 화가의 그림 스타일에 대한 정보를 얻고 이를 바탕으로 그림을 그리고자 합니다. ChatGPT는 미술 및 화가에 관한 정보 또한 다양하게 학습하여 가지고 있으므로 다음과 같은 순서로 질문을 합니다. 만약 사용자가 다른 분야의 그림을 그리고 싶다면 그와 어울리는 역할을 선정하여 질문을 하면 됩니다.

> 🧑 안녕? 나는 화가 지망생으로, 미술의 역사에 등장했던 많은 사조와 미술가들에 대한 궁금증을 풀고 싶어. 그리고 그들의 그림을 21세기의 형태로 다시 그리고 싶어. 너는 미술 및 화가들에 대해 많은 정보를 가진 미술 전공 교수의 역할로 나와 대화해줘. 가능하지?

> 💬 안녕하세요! 물론 가능합니다. 저는 여러분의 미술 전공 교수 역할을 맡아 도와드리겠습니다. 미술의 역사와 미술가들에 대해 궁금한 것이 있다면 언제든지 질문해주세요. 또한 21세기의 형태로 그림을 다시 그리는 데 도움이 필요하시면 알려주세요. 어떤 주제로 먼저 이야기하고 싶으신가요?

역사상 있었던 미술 사조 중에 대표적인 것들을 유행한 시대, 사조 이름, 대표적인 미술가 3명, 대표적인 작품 이름이 궁금해. 표로 만들어줄 수 있을까?

물론입니다! 아래 표에 역사적인 미술 사조들의 유행 시대, 사조 이름, 대표 미술가 3명, 대표작품 이름을 정리해드렸습니다.

시대	사조	대표 미술가	대표 작품
14~17세기	르네상스	레오나르도 다빈치, 미켈란젤로, 라파엘로	모나리자, 아테네 학당, 시스티나 천장화
19세기 초반	낭만주의	들라크루아, 고야, 터너	민중을 이끄는 자유의 여신, 전함 테메레르
19세기 후반	인상주의	모네, 르누아르, 드가	해돋이, 무도회의 여인들
20세기 초~중반	표현주의	뭉크, 칸딘스키, 마르크	탄생, 구성, 자화상
	입체주의	피카소, 브라크, 그리스	아비뇽의 여인들, 탁상 정물, 에스타크의 집
	초현실주의	살바도르 달리, 르네 마그리트, 호안 미로	기억의 지속, 이미지의 배반, 야곡

이 표는 각 미술 사조의 시대와 대표 미술가들, 대표 작품을 간단하게 보여주고 있습니다. 이 외에도 더 많은 미술 사조와 작가들이 있지만, 이 표는 역사적으로 중요한 몇 가지 미술 사조들을 간략하게 요약한 것입니다. 이 정보가 도움이 되길 바랍니다.

정말 고마워. 나는 이제 인상주의, 표현주의, 입체주의, 초현실주의의 4가지 주제로 갤러리를 열고자 해. 갤러리 소개 글에 위 4가지 주제에 대하여 간단한 설명을 쓰고자 해. 각각 나눠서 간단하게 설명해줄 수 있을까? 설명 내용에는 각 화풍의 특징을 간단히 쓰고, 대표적인 작가 2~3명 정도 누가 있었는지 써주면 될 것 같아.

물론입니다! 아래에 각 미술 사조의 설명과 대표 작가들을 정리해드렸습니다.

인상주의

인상주의는 19세기 후반부터 20세기 초반에 걸쳐 발전한 미술 운동으로, 빛과 색을 강조하며 자연의 순간적인 인상을 포착하려는 시도를 특징으로 합니다. 인상주의 화가들은 대체로 빠른 붓질과 대조적인 색상을 사용하여 작품을 그렸습니다. 대표적인 인상주의 작가로는 클로드 모네, 오귀스트 르누아르, 에드가 드가가 있습니다.

표현주의

표현주의는 20세기 초반에 발전한 미술 운동으로, 감정과 주관적인 경험을 강조합니다. 표현주의 화가들은 현실을 왜곡하거나 과장하여 감정을 표현하며, 강렬한 색채와 거친 붓질을 사용합니다. 대표적인 표현주의 작가로는 에드바르 뭉크, 바실리 칸딘스키, 프란츠 마르크가 있습니다.

입체주의

입체주의는 20세기 초반에 발전한 미술 운동으로, 기하학적 형태와 구성을 강조하며, 다양한 시각에서 보는 것을 시도합니다. 입체주의 화가들은 작품에 현실의 물체를 왜곡하거나 분해하여 다양한 관점에서 표현하곤 합니다. 대표적인 입체주의 작가로는 파블로 피카소, 조르주 브라크, 후안 그리스가 있습니다.

초현실주의

초현실주의는 1920년대에 발전한 미술 운동으로, 꿈과 무의식의 세계를 탐구하며, 현실과 비현실을 결합한 화풍을 특징으로 합니다. 초현실주의 화가들은 작품에 꿈과 상징, 무의식의 요소를 현실적인 화풍으로 묘사합니다. 대표적인 초현실주의 작가로는 살바도르 달리, 르네 마그리트, 호안 미로가 있습니다.

이 설명들이 갤러리 소개 글에 도움이 될 수 있길 바랍니다.

👤 나는 생성형 AI를 통해 2020년의 모습을 소재로 하여 위의 4가지 사조의 특징을 반영한 그림을 그릴거야. 그 그림도 갤러리에 전시할 예정이니 이 내용을 포함하여 갤러리 소개 글을 작성해줄 수 있을까?

💠 물론입니다. 당신의 요청에 따라 2020년의 모습을 소재로 한 4가지 미술 사조의 특징을 반영한 그림 전시에 대한 내용을 포함한 갤러리 소개글을 아래와 같이 작성해드렸습니다.

우리 갤러리에서는 4가지 미술 사조인 인상주의, 표현주의, 입체주의, 초현실주의를 선보이며, 이들 사조들의 특징을 반영한 창작물로 2020년이라는 시대를 해석한 독특한 전시를 진행합니다. 이 전시는 세계 미술사에 빛나는 위치를 차지한 각 사조의 독창적인 화풍과 예술가들이 창조한 놀라운 작품들을 바탕으로 현대적인 해석을 선보입니다.

갤러리는 인상주의, 표현주의, 입체주의, 초현실주의의 대표 작가들의 작품과 생성형 AI를 활용한 '2020년'을 소재로 한 4가지 미술 사조의 특징을 반영한 새로운 그림들을 전시하고 있습니다. 이 작품들은 과거 예술 전통과 현대 기술의 접점에서 탄생한 새로운 예술적 표현을 보여주며, 관람객들에게 미술의 새로운 가능성을 느끼게 합니다. 이 갤러리에서 다양한 작품을 감상하며, 과거와 현재의 아름다운 예술의 세계를 경험할 수 있습니다. 방문객들은 각 사조의 독특한 특징과 역사를 더 깊이 이해하고, 현대적인 해석과 기술이 미술에 미친 영향을 고민해볼 수 있습니다. 이 갤러리는 특별한 기회로 세계적인 미술 운동을 경험할 수 있게 해줍니다. 과거의 작품과 현대적 해석을 함께 감상하며, 각 사조의 세계관과 미술사의 영향을 조망할 수 있습니다.

많은 분들이 갤러리를 방문하여 4가지 미술 사조의 아름다움과 역사를 공유하고, 창작된 작품들을 통해 2020년의 시대정신을 공감하는 소중한 시간을 보내길 바랍니다. 이 갤러리에서 아름다운 예술의 세계를 경험하고, 풍요로운 감성을 느끼길 기대합니다.

너무 좋아. 고마워, 내가 필요한 부분을 참고하여 갤러리 소개 글에 넣어볼게. 이제 위의 4가지 사조에 어울리는 2020년의 주제 선정이 필요할 것 같아. 내가 구상하고 있는 주제는 다음과 같아. "초현실주의의 작가가 2020년으로 타임머신을 타고 왔을 때, 어떤 소재로 그림을 그릴 수 있을까? 그리고 그림의 제목은 뭐가 적당할까?"와 같은 것이지. 위의 미술 사조 4가지에 각각 2가지 주제씩 매칭해줄 수 있을까?

인상주의

주제 1: 사회적 거리두기로 인해 공원에서 즐기는 소소한 나들이

그림 제목: "공원에서의 코로나 시대의 피크닉"

주제 2: 집에서 보내는 시간이 늘어난 일상의 모습

그림 제목: "집콕 시대의 아침 풍경"

표현주의

주제 1: 코로나로 인한 사회와 정치 상황을 비판적으로 그린 작품

그림 제목: "팬데믹의 혼란 속에서"

주제 2: 사람들이 마스크를 쓴 모습과 감정을 표현하는 작품

그림 제목: "묵언의 시대"

입체주의

주제 1: 비대면 화상 회의를 통한 현대 사회의 의사소통 방식

그림 제목: "픽셀의 대화"

주제 2: 도시의 건물들과 거리가 빈 공간으로 뒤덮인 모습

그림 제목: "빈 도시의 기하학"

초현실주의

주제 1: 사람들이 물고기와 같은 생물로 대체되어 마스크 없이 자유롭게 호흡하는 상상

그림 제목: "수중의 평화로운 세상"

주제 2: 사람들이 전자기기에 비친 세상을 보는 모습

그림 제목: "모바일 상상"

👤 좋아, 위의 4가지 주제와 키워드를 표로 그려줬으면 좋겠어. 반드시 들어가야 할 키워드는 다음과 같아. 표로 작성할 것인데 위의 예시에서 인상주의를 예를 들면 1. 인상주의 | Corona times, masks, parks, picnics | impressionism | Monet Style, Manet Style 처럼 말이야.

💬 알겠습니다. 아래에 요청하신 대로 표를 작성해 드렸습니다.

미술 사조	키워드	스타일	대표 작가 스타일
인상주의	Corona times, masks, park, picnic	Impressionism	Monet Style Manet Style
표현주의	Pandemic, confusion, emotions, silence	Expressionism	Kandinsky Style, Munch Style
입체주의	Pixels, communication, geometry, empty city	Cubism	Picasso Style, Braque Style
초현실주의	Underwater world, peaceful, coexistence, virus, cellphone, Tablet, Sky, Surrealism, Magritte Style	Surrealism	Dali Style, Magritte Style

이 표를 참고하여 각 미술 사조의 특징과 키워드, 대표 작가의 스타일을 고려하여 창작하시면 좋을 것 같습니다.

👤 고마워, 큰 도움이 되었어. 위의 내용들을 바탕으로 나만의 미술 사조 갤러리를 만들어볼게!

💬 정말 기쁘게 들립니다! 위의 내용들이 여러분의 미술 사조 갤러리를 만드는 데 도움이 되길 바랍니다. 창작 과정에서 어려움이나 궁금증이 있으면 언제든지 도움을 드리겠습니다. 기회가 된다면 나중에 완성된 갤러리를 방문해보고 싶네요. 그 동안 행운을 빌어요!

위의 내용은 ChatGPT와의 대화를 그대로 가져온 것이므로 사용자가 질문할 때마다 다른 답변이 나타날 수 있습니다. 따라서 다음에 이어질 Stable Diffusion을 통해 올바른 결과를 얻으려면 원하는 방향으로 키워드를 일부 조정하여 입력할 필요가 생길 수 있습니다. ChatGPT와의 대화 결과는 사용자의 의도대로 정확한 답을 주었는지 항상 확인하며 사용해야 합니다.

Stable Diffusion으로 그림을 그려보아요

이제 앞의 내용을 바탕으로 그림을 그릴 차례입니다. ChatGPT가 다양한 정보를 줬지만 우리가 원하는 대로 그림을 그려줄지는 확인해봐야 합니다. 앞에서 마지막에 정리해준 키워드 및 스타일, 대표 작가 스타일을 이어서 연결한 뒤 명령어를 내리는 과정을 살펴보겠습니다.

01 앞의 내용 중 인상주의에 관한 키워드를 복사하여 입력합니다. 단어의 사이는 ','(콤마)로 입력합니다. 마지막에 '8k'는 고화질을 의미합니다. [Generate image] 버튼을 클릭합니다.

02 아래 그림과 같은 결과가 나타납니다. 4장의 결과 중 원하는 그림을 저장합니다.

03 다음 내용 중 표현주의에 관한 키워드를 복사하여 입력합니다. [Generate image] 버튼을 클릭합니다.

04 아래 그림과 같은 결과가 나타납니다. 4장의 결과 중 원하는 그림을 저장합니다.

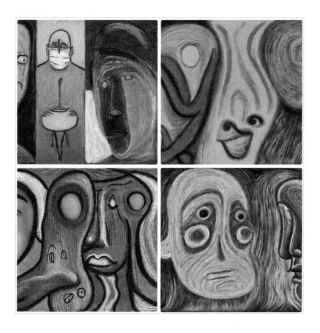

05 앞의 내용 중 입체주의에 관한 키워드를 복사하여 입력합니다. [Generate image] 버튼을 클릭합니다.

06 아래 그림과 같은 결과가 나타납니다. 4장의 결과 중 원하는 그림을 저장합니다.

07 다음 내용 중 초현실주의에 관한 키워드를 복사하여 입력합니다. [Generate image] 버튼을 클릭합니다.

08 다음 그림과 같은 결과가 나타납니다. 4장의 결과 중 원하는 그림을 저장합니다.

완성된 그림을 구글 프레젠테이션에 옮기고 갤러리로 구성해보아요

마지막 단계입니다. 앞서 만든 다양한 그림과 인터넷에서 검색한 화가들의 대표 작품을 바탕으로 구글 프레젠테이션으로 구성하고, 앞서 배운 '미리보기' 형태로 공유합니다. 디자인은 사용자가 자유롭게 구성하면 됩니다. 다음은 저자가 구성한 갤러리 화면 중 대표적인 미리보기 이미지입니다. QR코드를 활용하여 전체를 살펴볼 수 있습니다.

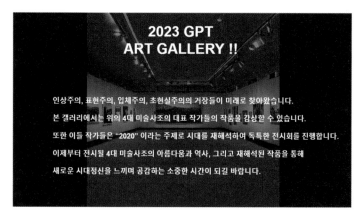

GPT 갤러리 입장 페이지

미술 사조 인상주의에 관한 설명

2023 AI 인상주의 작가의 그림 소개

2023 GPT 갤러리 입장 QR코드

🗣 이런 점을 생각해요

미술 분야에서 생성형 AI의 활약, 무조건 좋기만 할까요?

👤 **생성형 AI와 관련된 저작권 문제는 어떠한 것이 있을까요?**

미술 분야에서 생성형 AI가 만든 작품의 저작권에 대한 법적 기준이 모호해 저작권 문제가 발생하고 있습니다.

1. 저작자 문제: 인공지능이 작품을 생성했을 경우, 저작자는 인공지능인지, 인공지능을 개발한 개발자 또는 사용한 사용자 중 누구인지 판단하기 어렵습니다. 이로 인해 저작권의 귀속이 명확하지 않을 수 있습니다.

2. 독창성 문제: 인공지능이 학습한 데이터셋에 기반하여 작품을 생성하기 때문에, 기존 작품에서 영감을 받거나 유사한 형태로 새로운 작품을 생성할 수 있습니다. 이 경우, 새로운 작품이 기존 작품의 저작권을 침해하는지 여부가 불분명할 수 있습니다.

3. 법적 정의 및 규제: 현재 대부분의 저작권 법은 인간 저작자를 중심으로 규정되어 있어, 인공지능과 관련된 문제에 대한 명확한 법적 지침이 부족합니다. 이에 따라 인공지능이 생성한 작품에 대한 저작권 규제와 정의가 필요합니다.

앞으로 인공지능과 미술 분야의 발전과 함께 저작권 관련 법적 규제와 기준이 마련되고 발전하게 될 것으로 예상되며, 이를 통해 저작권 문제에 대한 명확한 해결 방안이 마련될 것입니다.

👤 **미술과 관련된 직업 종사자들은 어떻게 미래를 준비해야 할까요?**

미술 관련 직업 종사자들이 생성형 AI의 시대를 대비하려면 다음과 같은 능력을 키우는 것이 중요합니다.

1. 기술 습득 및 협업: 인공지능 기술을 익히고 작업에 융합시켜 창의력과 생산성을 높이며, 인공지능과 협력하여 더 나은 결과물을 만들어냅니다.

2. 독창성 강조: 인간의 감성, 창의력, 직관 등을 강조하여 작품에 개성과 독창성을 부여하고 인공지능이 생성하는 작품과 차별화를 두어 경쟁력을 유지합니다.

3. 전문 분야 확장 및 지속적인 학습: 다양한 전문 분야로 확장하고, 미술 분야의 변화와 기술 발전에 발맞춰 지속적인 학습과 자기계발을 통해 시장 변화에 적응합니다.

미술 분야 종사자들은 생성형 AI 시대에 대비하기 위해 기술 습득, 독창성 강조, 전문 분야 확장, 지속적인 학습으로 시너지 효과를 창출하며 경쟁력을 유지해야 합니다.

3			ChatGPT와 Stable Diffusion으로 갤러리 만들기											
관련 교과	시간	관련 학습 요소	컴퓨팅 사고력						인공지능				
			자료 수집	자료 분석	자료 표현	문제 분해	추상화	알고 리즘 (절차)	인식	표현/ 추론	학습	상호 작용	사회적 영향
국어 · 미술	2차시		V		V		V	V	V	V	V	V	V

학습 주제	미술 사조의 경향과 대표적인 화가를 공부하고 이를 바탕으로 새롭게 창작한 작품 갤러리 만들기
성취 기준	[9미03-04] 미술 작품, 관람자, 전시 장소 등의 특징을 고려하여 다양한 방식의 전시를 기획할 수 있다. [9미03-02] 미술의 시대적, 지역적, 사회적 배경을 설명할 수 있다. [12미창02-07] 작품 전시회를 기획하고 참여할 수 있다. [12미감01-04] 작가의 작품 세계에 영향을 미친 미술 사조를 탐구할 수 있다. [12언매03-03] 목적, 수용자, 매체의 특성을 고려하여 다양한 매체 자료를 생산한다. [창체] 인터넷 검색을 통해 발표 자료를 수집하고 구글 프레젠테이션을 활용하여 발표 자료를 생산한다.
학습 도구	컴퓨터 또는 태블릿, ChatGPT, Stable Diffusion

교수-학습 활동 요약	
동기 유발	• 미술 대회에서 우승한 AI 화가의 작품 살펴보기 　- AI가 그린 그림이 1위, AI 미술전 우승 갑론을박: [https://youtu.be/vcoi4aAJT1E]
학습 활동	[학습 목표] AI 미술 작품으로 갤러리 만들기 • [활동 1] 미술 사조에 대해 배우기 　- 미술의 역사에서 대표적인 사조는 무엇이 있었을까요? 　- 인상주의, 표현주의, 입체주의, 초현실주의 등의 특징은 무엇일까요? 　- 위 4대 사조의 대표적인 작가와 작품에 대해 알아봅시다. • [활동 2] ChatGPT를 통해 4대 사조 정리하기 　- ChatGPT에게 역할을 부여하기 　- ChatGPT에게 미술 역사의 4대 사조에 대한 요약 부탁하기 　- ChatGPT가 정리해준 작가와 작품의 특징에 대해 알기 　- 각각의 특징을 바탕으로 AI 화가에게 그림을 그리게 할 키워드 정리하기 • [활동 3] Stable Diffusion을 통해 인공지능 AI 미술 갤러리 만들기 　- Stable Diffusion 사이트의 사용법을 익혀봅시다. [구글 검색: Stable Diffusion Demo] 　- ChatGPT가 작성해준 키워드를 입력하고 4대 사조의 특징이 반영된 그림을 그려봅시다. 　- 완성된 그림을 구글 프레젠테이션을 통해 갤러리로 구축합니다. 　- '미리보기'의 형태로 갤러리를 볼 관객들에게 배포합니다.
학습 정리	• 생성형 AI를 통해 미술 작품을 그린 소감에 대해 정리합니다. • 미술 사조 외에 갤러리를 운영할 수 있는 주제는 무엇이 있을까를 토론해봅니다.
평가	• [자기 평가] ChatGPT를 통해 미술 사조에 대해 정리하고 Stable Diffusion과 구글 프레젠테이션을 통해 갤러리를 구성하여 완성했는지 평가하기

4장

ChatGPT와 Vrew를 활용하여
**내가 설명하고 싶은 내용을
영상으로 만들어보기**

Vrew 활용 학습을 준비해요
ChatGPT와 Vrew를 활용하여 글을 영상으로 만들어요 최근 영상 분야에서 생성형 AI는 많은 관심을 받고 있으며 다양한 기술과 활용 사례들이 등장하고 있습니다. 고품질의 합성 영상을 생성하기 위해 GAN과 같은 인공지능 알고리즘이 사용되어 광고, 영화, 게임 등 다양한 분야에서 콘텐츠를 생산하고 있습니다. 또한, 애니메이션 제작 과정에서 캐릭터 디자인과 움직임을 자동으로 생성하여 작업 효율성을 향상시키고 있습니다.

이와 함께 스타일 트랜스퍼 기술을 영상 분야로 확장하여 독특한 분위기를 연출하는 데 활용되고 있습니다. 기존의 낡은 영화나 저화질 영상의 복원, 소음 제거 및 색상 개선 등을 통해 영상의 품질을 향상시키는 작업이 진행되고 있습니다. 영화나 광고에서 특수효과(VFX)를 구현하는 데 인공지능 기술이 적용되어 시각 효과의 현실감과 정교함을 높이고 있습니다.

최근에는 텍스트를 기반으로 영상을 생성하는 인공지능 서비스가 등장하고 있습니다. 이 기술은 GAN과 같은 생성형 AI 알고리즘을 사용하여 사용자가 입력한 텍스트에 맞는 영상을 자동으로 생성합니다. 이러한 서비스는 광고, 영화, 애니메이션, 교육 등 다양한 분야에서 활용될 수 있으며, 효율성과 시간, 비용을 절감할 수 있습니다. 이 서비스는 현재는 완벽하지 않지만, 인공지능 기술의 발전과 함께 더 개선될 것으로 기대됩니다. 이를 통해 창의적이고 혁신적인 영상 콘텐츠가 더욱 다양한 분야에서 생산될 것으로 예상됩니다.

이번 장에서는 생성형 AI 중 Vrew(브루)가 제공하는 'Text to Video' 기술을 이용하려고 합니다. 내가 설명하거나 발표할 내용이 담긴 내용을 ChatGPT를 통해 정리하고 이 내용을 Vrew에 텍스트로 입력하면 자동으로 텍스트에 어울리는 그림을 찾아 자막과 영상으로 완성하여 제공합니다. 이를 이용하여 상대방에게 전달할 내용을 담은 영상을 만들어보겠습니다.

출처: 미드저니

Vrew 활용 학습을 준비해요

'Text to Sound'라는 말이 있습니다. 텍스트를 소리로 바꿔준다는 것입니다. 'Text to Picture'는 텍스트를 그림으로 바꿔준다는 것이지요. 인공지능에 간단한 텍스트를 입력하면 소리 또는 그림으로 바꿔주는 서비스가 최근 각광을 받으며 사람들에게 많은 놀라움을 주었습니다. 더 나아가 최근에는 Text to Video 서비스까지 등장하였습니다. Vrew라는 프로그램은 원래 인공지능이 자막을 넣어주는 서비스를 제공하는 프로그램이었습니다. 이에 더해 최근에는 내용을 텍스트로 입력하면 자동으로 어울리는 그림과 배경 음악을 넣어서 영상을 만들어주는 서비스까지 개시하였습니다. 지금부터 간단한 사용법을 배워보겠습니다.

01 구글 검색창에 "Vrew"라고 입력합니다.

02 검색 결과 가장 상단의 메인 사이트를 클릭하여 접속합니다. 웹 버전도 있긴 하지만 기능에 제한이 많으므로 본문에서는 앱을 다운로드하여 활용하겠습니다.

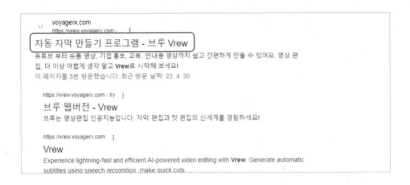

03 Vrew의 메인 페이지 왼쪽 하단의 [무료 다운로드] 또는 오른쪽 상단의 [다운로드]를 클릭하여 프로그램을 설치합니다.

04 설치한 뒤 처음 접속했을 때의 화면입니다. 다양한 메뉴들이 있습니다. 왼쪽 상단의 [새로 만들기]를 클릭합니다.

05 [새로 만들기]를 클릭했을 때의 메뉴입니다. 다양한 기능들을 제공하니 한 번씩 체험해보기 바랍니다. 이번 장에서는 [텍스트로 비디오 만들기]를 활용합니다.

06 영상 주제를 입력하고 영상 유형을 선택한 뒤 영상 대본을 작성합니다. 대본을 입력한 뒤에는 음성에 관한 설정을 할 수 있습니다. 여기까지 준비되었다면 이제 텍스트를 영상으로 만들 준비는 끝났습니다!

ChatGPT와 Vrew를 활용하여
글을 영상으로 만들어요

ChatGPT를 통해 내가 설명하고 싶은 내용을 정리해보아요

ChatGPT를 통해 원하는 상황을 설정하고 내가 질문한 답변을 통해 Vrew에게 영상을 만들어달라고 할 대본을 작성하고자 합니다. 본문에서는 학생들이 진로에 대해 고민하고 있어서 이를 도와주고자 직업에 관한 소개 영상을 만든다는 상황을 다룹니다. ChatGPT는 현재 또는 미래에 주목받을만한 다양한 직업에 관한 정보를 학습하여 가지고 있으므로 다음과 같은 순서로 질문을 합니다.

> 안녕? 나는 고등학생인데, 내 주변에 미래의 진로를 결정하지 못한 친구들이 많아서 친구들을 도와주고 싶어. 너가 정말 다양한 직업군과 그 직업을 갖기 위해 노력해야 되는 것들에 대해서 잘 알고 있다고 들었어. 직업 전문가로서 말이야. 맞니?

> 안녕하세요! 저는 인공지능 챗봇 ChatGPT입니다. 저는 직업과 진로에 관한 다양한 정보를 갖고 있는 직업 전문가입니다. 다양한 직업과 직업군에 대해 알고 있고 직업을 선택하고 준비하는 과정에 대해서도 조언을 제공할 수 있습니다. 어떤 직업에 관심이 있는지 알려주시면, 더욱 자세한 정보를 제공해드릴 수 있을 것입니다.

👤 고마워. 이제 질문할게! UX/UI 디자이너란 무엇을 하는 직업일까? 어떤 일을 하며 어떤 곳에서 주로 일을 하고 어떠한 형태의 결과물을 내는지 궁금해. 또 어떠한 능력이 필요할까?

🔷 일반적으로, UX/UI 디자이너는 IT 기업, 디자인 에이전시, 소프트웨어 개발 회사, 스타트업 등 다양한 기업에서 일할 수 있습니다. 결과물로는 프로토타입, 와이어프레임, 인터페이스 디자인, 스타일 가이드, 테스트 결과 보고서 등이 있습니다.

디자인과 사용자 경험을 이해하는 능력, 사용자 인터뷰나 조사를 수행하는 능력, 그래픽 디자인과 웹 기술에 대한 이해와 경험이 필요합니다. 또한, 커뮤니케이션, 문제 해결, 프로젝트 관리 등의 능력도 필요합니다.

👤 혹시 중고등학교 때 어린 시절부터 UX/UI 디자이너를 꿈꾼다면 어떤 공부를 하는 게 좋을까?

🔷 UX/UI 디자이너가 되기 위해서는 디자인, 사용자 경험, 그래픽 디자인, 웹 디자인, 프로그래밍, 커뮤니케이션 등 다양한 분야의 지식과 기술이 필요합니다. 따라서 중고등학생이라면 다음과 같은 공부들을 추천해드립니다.

- 디자인 기초 공부: 디자인 기초를 학습하여 색상, 구성, 레이아웃 등 디자인에 대한 기본적인 개념과 원리를 익히는 것이 중요합니다. 디자인 관련 서적이나 강의를 통해 학습할 수 있습니다.
- 그래픽 디자인 공부: Adobe Photoshop, Illustrator 등과 같은 그래픽 디자인 도구를 이용하여 디자인 스킬을 연마할 수 있습니다. 또한, 그래픽 디자인 관련 강의나 튜토리얼도 참고해보세요.
- 웹 디자인 공부: HTML, CSS, 자바스크립트 등 웹 기술을 학습하여 웹사이트나 앱을 디자인할 수 있습니다. 이러한 웹 기술은 인터랙티브한 사용자 경험을 디자인할 때 중요합니다.
- 사용자 경험 공부: 사용자 인터뷰, 프로토타이핑, 사용자 행동 분석 등을 학습하여 사용자의 요구와 행동을 파악하고, 사용자 중심의 제품 디자인을 할 수 있습니다.
- 의사소통능력 강화: UX/UI 디자이너는 프로젝트 매니지먼트, 클라이언트와의 소통, 프레젠테이션 등에서도 뛰어난 의사소통 능력이 필요합니다. 발표나 커뮤니케이션 강의를 통해 해당 능력을 강화해보세요.
- UX/UI 디자인 관련 온라인 강의 수강: 인터넷에는 다양한 UX/UI 디자인 관련 온라인 강의가 있습니다. Udemy, Coursera 등의 플랫폼에서 수강해보세요.

다양한 프로젝트에 참여하는 것은 UX/UI 디자이너로서 능력을 향상시키고, 경험을 쌓을 수 있

는 좋은 방법입니다. 여기에는 어떠한 프로젝트에 참여할 수 있는지와 그 경험이 어떻게 도움이
될 수 있는지에 대한 몇 가지 예시를 드리겠습니다.

- 자체 프로젝트 진행: UX/UI 디자이너로서 자신만의 프로젝트를 진행해보는 것은 매우 좋
  은 방법입니다. 예를 들어, 쇼핑몰, 블로그, 포트폴리오 웹사이트 등을 직접 디자인하고 제
  작해보세요.
- 대학교 또는 학교 프로젝트에 참여: 대학교 또는 학교에서 주관하는 프로젝트에 참여하여
  디자인 역할을 맡아보세요. 이를 통해 다른 분야의 학생들과 협업하는 경험과 프로젝트 수
  행 과정에서의 문제 해결 능력을 강화할 수 있습니다.
- 온라인 프리랜서 사이트 참여: 온라인 프리랜서 사이트에서 제공하는 프로젝트에 참여하
  여 실제 클라이언트와의 작업 경험을 쌓아보세요. 이를 통해 더 많은 디자인 경험을 쌓을
  수 있고, 클라이언트와의 의사소통능력도 향상시킬 수 있습니다.
- 개인 또는 기업의 프로젝트에 참여: UX/UI 디자이너가 필요한 개인 또는 기업의 프로젝트
  에 참여하여 디자인 업무를 수행해보세요. 이를 통해 프로젝트 수행 과정에서 디자인 역할
  에 대한 경험과 능력을 향상시킬 수 있습니다.

이처럼 다양한 프로젝트에 참여하여 경험을 쌓는 것은 UX/UI 디자이너로서 능력을 향상시키
고, 포트폴리오를 구성하는 데 큰 도움이 됩니다. 또한, 이러한 경험을 바탕으로 이력서에 포함
시키면, 취업 과정에서 큰 도움이 될 것입니다.

 위의 내용을 바탕으로 친구들에게 UX/UI 디자이너를 안내해주려고 해. 뒤에 배경으로 그림이 나
오고 그 앞에 대본이 자막으로 나오는 유형의 영상이야. 위의 내용을 바탕으로 영상에 쓰일 자막
을 구성해주면 좋겠어. UX/UI 디자이너에 관한 간단한 소개, UX/UI에 관한 기초 공부, 기초 공부
를 바탕으로 프로젝트 참여, 마지막 응원 메시지의 순으로 작성해주고, 마치 뉴스 앵커가 방송에
서 말하듯이 서술형으로 자연스럽게 작성해주면 좋겠어.

네, 앵커처럼 자연스러운 대본형으로 위의 내용을 풀어서 작성해보겠습니다.

[소개]
안녕하세요. 오늘은 UX/UI 디자이너에 대해 알아보겠습니다. UX/UI 디자이너는 디지털 제
품의 사용자 경험과 인터페이스 디자인을 담당하는 직업입니다.

[기초 공부]
UX/UI 디자이너가 되기 위해서는 다양한 분야의 지식과 기술이 필요합니다. 디자인, 그래픽
디자인, 웹 디자인, 프로그래밍, 커뮤니케이션 등의 기초 공부가 필요합니다. 디자인 기초,
그래픽 디자인 도구 사용, 웹 기술 학습, 사용자 경험 학습, 의사소통 능력 개발 등을 통해 기
초 공부를 하나가면 좋습니다.

[프로젝트 참여]

기초 공부를 마치면, 다양한 프로젝트에 참여해보는 것이 좋습니다. 대학교나 학교에서 주관하는 프로젝트, 온라인 프리랜서 사이트에서 제공하는 프로젝트, 그리고 개인 또는 기업의 프로젝트에 참여하는 것도 좋은 방법입니다. 프로젝트 수행 과정에서 디자인 역할 수행과 문제 해결 능력을 강화할 수 있습니다.

[응원 메시지]

UX/UI 디자이너가 되기 위해서는 많은 노력과 시간이 필요하지만, 열정과 노력으로 가능합니다. 다양한 경험을 쌓아 자신만의 포트폴리오를 만들어보세요. 당신의 노력과 열정을 응원합니다!

이상으로 UX/UI 디자이너에 대한 간단한 소개와 기초 공부, 프로젝트 참여, 응원 메시지에 대해 알아보았습니다. 감사합니다.

고마워! 만약 위의 내용을 바탕으로 인공지능 성우에게 대본을 만들어달라고 하려면, 어떠한 목소리와 톤, 연령대의 성우에게 부탁하면 좋을까?

만약 위의 내용을 바탕으로 인공지능 성우에게 대본을 만들어달라고 한다면, UX/UI 디자이너에 대한 내용은 비교적 기술적이고 전문적인 내용이기 때문에 보통 젊은 성우의 음성이 적합합니다.

또한, 대본 내용의 톤은 친근하고 담백한 느낌이 좋습니다. 이를 위해 자연스러운 발음과 목소리 톤을 갖춘 인공지능 성우를 선택하는 것이 좋을 것입니다.

그렇네! 말해준 것을 토대로 영상을 만들어보려고 해. 큰 도움이 되었어, 나중에 또 도와줘! 안녕!

네, 언제든지 도움이 필요하시면 언제든지 말씀해주세요. UX/UI 디자이너에 대한 정보가 도움이 되셨다니 정말 다행입니다. 좋은 영상 제작과 함께, 미래의 UX/UI 디자이너로서 많은 성장과 발전을 기원합니다. 이제 안녕히 가세요!

위 내용은 ChatGPT와의 대화를 그대로 가져온 것이므로 사용자가 질문할 때마다 다른 답변이 나타날 수 있습니다. 대화 결과가 올바른지 인터넷 등을 통해 검색한 후 활용하기 바랍니다.

Vrew를 통해 영상을 만들어보아요

이제는 앞의 내용을 바탕으로 영상을 만들 차례입니다. ChatGPT가 작성해준 내용을 바탕으로 Vrew를 통해 성우의 목소리를 입히고 해당 내용과 관련된 그림을 배경으로 넣어 영상을 작성할 예정입니다. 과연 어느 정도까지 인간의 의도대로 영상을 만들어 줄 수 있을까요?

다음의 과정을 따라 하여 확인해봅시다. 앞서 ChatGPT가 작성한 내용을 바탕으로 3,000자까지 Vrew에 대본을 입력할 수 있습니다. 만약 3,000자를 넘는다면 내용을 일부 정리하여 입력합니다.

01 대본을 입력한 후 원하는 '화면 비율'을 [유튜브 16:9]로 설정하고 [다음] 버튼을 클릭합니다.

02 영상의 콘셉트에 어울리는 성우와 음성의 음량, 속도, 높낮이를 설정합니다.

03 영상의 초안이 완성되었을 때의 화면입니다. 이 상태에서 다양한 설정을 바꿀 수 있습니다.

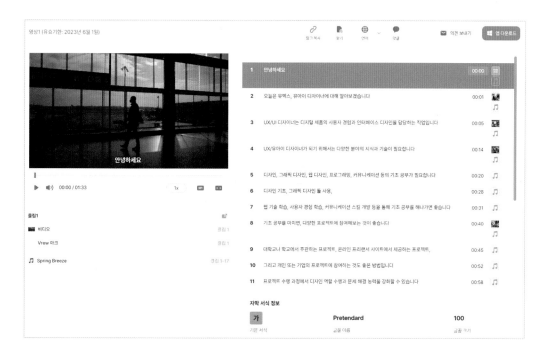

04 영상 각각의 스틸 컷을 교체할 수 있습니다.

05 자막의 내용과 싱크 등을 수정할 수 있습니다.

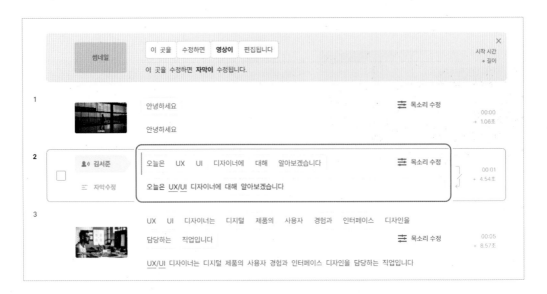

06 영상은 파일 형태, 링크로 공유할 수 있습니다.

07 미리보기는 아래의 형태로 공유됩니다.

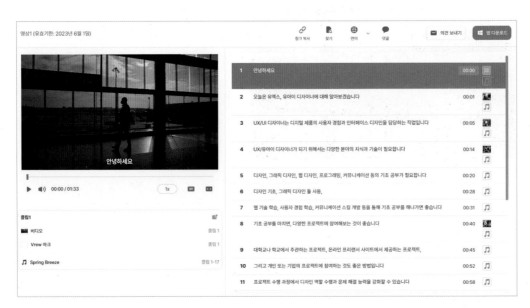

영상을 만드는 생성형 AI의 등장. 고려할 것들은 무엇이 있을까요?

👤 **텍스트를 영상으로 만들 때 영상을 잘 만들려면 어떻게 해야 할까요?**

🤖 인공지능도 사람처럼 학습을 통해 배운 자료로 영상을 만드므로 Text to Video 기능을 활용하여 영상을 만들 때 다음과 같은 내용을 고려해야 합니다.

1. 영어의 문제: 대부분의 인공지능 플랫폼은 영어 기반으로 제작되어 있습니다. 한글로 명령어 또는 대본을 입력할 경우 원하지 않는 결과가 나올 수 있습니다. 좀 더 정교하게 원하는 결과를 얻기 위해서는 DeepL, 파파고, 구글 번역기 등의 번역 사이트를 통해 영어로 입력해봅니다.

2. 명사의 문제: 보통 사람이 알고 있는 명사를 인공지능이 완전히 이해하기란 굉장히 어렵습니다. 예를 들어 '대도시의 빌딩들을 그려주세요.'라고 입력하면 정교하게 대도시의 거리와 빌딩을 그려주지만, '강남을 그려주세요', '경주를 그려주세요'와 같이 특정 명사를 통한 입력은 대부분 이해를 못하는 경우가 많습니다. 영어권이 아닐수록 이러한 특징이 두드러집니다. 따라서 보편적인 단어를 프롬프트로 입력하는 것이 좋습니다.

아직 인공지능은 사람이 원하는 완벽한 영상을 만들기 어렵습니다. 다만 입력한 프롬프트에 따라 원하는 영상의 보조 자료나 간단한 자료 정도는 가능하므로 목적에 맞게 다양한 방법을 활용해봅시다.

👤 **영상 관련 직업의 미래는 어떠한 모습일까요?**

🤖 미래의 영상 관련 직업의 모습은 인공지능, 특히 생성형 AI의 등장으로 인해 크게 변화할 것입니다. 다음은 그 변화를 고려한 미래 영상 관련 직업의 주요 특징입니다.

1. 인공지능 지원 영상 제작: 생성형 AI를 활용해 빠르게 프로토타입 영상을 생성하고, 최종 작품을 쉽게 수정하거나 향상시킬 수 있습니다. 이를 통해 제작 시간과 비용을 절감할 수 있습니다.

2. 향상된 모션 그래픽 및 효과: 인공지능 기술을 활용해 더 정교하고 현실적인 모션 그래픽, 애니메이션, 및 특수 효과를 구현할 수 있습니다. 이를 통해 영상의 퀄리티를 크게 향상시킬 수 있습니다.

3. 데이터 기반 의사결정: 인공지능이 수집한 대량의 데이터를 분석하여, 영상 제작 및 마케팅 전략에 활용할 수 있습니다. 이를 통해 효과적인 콘텐츠 제작과 홍보에 기여할 수 있습니다.

이러한 변화를 고려한 미래 영상 관련 직업 종사자들은 인공지능과의 협력을 통해 더욱 높은 수준의 콘텐츠 제작과 관리를 수행할 수 있을 것으로 보입니다.

▶ 수업에 참고할 지도안

4			ChatGPT와 Vrew를 활용하여 설명할 내용을 영상으로 만들기										
관련 교과	시간	관련 학습 요소	컴퓨팅 사고력						인공지능				
			자료 수집	자료 분석	자료 표현	문제 분해	추상화	알고리즘 (절차)	인식	표현/추론	학습	상호 작용	사회적 영향
국어 · 창체	2차시		V	V	V		V	V	V	V	V	V	

학습 주제	설명하고 싶은 내용을 대본으로 정리하고 대본을 바탕으로 영상 만들기
성취 기준	[9국03-06] 다양한 자료에서 내용을 선정하여 통일성을 갖춘 글을 쓴다. [9국03-08] 영상이나 인터넷 등의 매체 특성을 고려하여 생각이나 느낌, 경험을 표현한다. [9국03-01] 쓰기는 주제, 목적, 독자, 매체 등을 고려한 문제 해결 과정임을 이해하고 글을 쓴다. [12정보01-03] 정보보호제도 및 방법에 따라 올바르게 정보를 공유하는 방법을 실천한다. [창체] 영상 매체를 제작하는 방법을 알고 주제에 맞는 적절한 자료들을 바탕으로 영상을 제작한다.
학습 도구	컴퓨터 또는 태블릿, ChatGPT, Vrew

교수-학습 활동 요약	
동기 유발	• 친구들과 영상을 만들어 본 경험 또는 만든 영상을 공유한 경험 나누기 – 틱톡, 페이스북 라이브 등의 프로그램을 사용한 경험에 대해 친구들과 이야기 나누기 – 영상을 제작할 때 어려운 점에 대해 이야기 나누기
학습 활동	[학습 목표] 설명하고 싶은 내용을 대본으로 정리하고 대본으로 영상 만들기 • [활동 1] 설명하고 싶은 내용 정리하기 – 친구들에게 설명하고 싶은 영상의 주제 정하기 – 어떤 내용을 전달할지 ChatGPT를 통해 대본을 작성해보기 – 작성한 내용이 올바른지 점검해보기 • [활동 2] Vrew를 통해 영상 초안 만들기 – ChatGPT와 함께 작성한 대본을 Vrew에 입력하기 – 영상의 내용과 어울리는 배경 음악 파일 찾아보기 – 초안 영상을 만들어 대본과 배경 이미지의 싱크 맞추기 – 영상이 바르게 제작되었는지 확인하기 • [활동 3] 영상 완성하기 – Vrew에서 자동으로 제작해준 이미지가 대본의 내용에 어울리는지 확인하기 – 대본의 내용과 어울리지 않는 이미지를 내가 찾은 이미지로 바꾸기 – 최종 영상을 확인하고 친구들에게 공유하기
학습 정리	• 생성형 AI를 통해 영상을 만든 소감에 대해 발표하기 • 생성형 AI가 잘 만들 수 있는 영상과 잘 못 만들 것 같은 영상에 대해 논의해보기
평가	• [동료 평가] ChatGPT를 통해 적절한 대본을 완성하고 친구들에게 영상에 대해 바르게 발표했는지 평가하기

5장

ChatGPT와 D-ID를 활용한
더빙 뉴스 영상 만들기

D-ID 활용 학습을 준비해요
ChatGPT와 D-ID로 더빙 뉴스 영상을 만들어요

인공지능은 많은 분야에서 혁신을 이뤄내고 있습니다. 특히 많은 사람이 영상 분야에서의 인공지능 활용에 대하여 많은 관심을 갖고 있습니다. 인공지능은 객체 인식, 얼굴 인식, 행동 인식 등 다양한 영상 인식 기술을 통해 영상에서 정보를 추출하고 분석합니다. 특히 GAN(Generative Adversarial Network)이라는 기능이 주목받고 있습니다.[1] 다양한 기술을 통해 고품질의 애니메이션, 특수 효과, 가상 현실 등의 콘텐츠를 만들 수 있습니다.

이러한 기술 중 영상 분야에서 가장 주목받는 기술 중의 하나가 딥페이크(Deep Fake)입니다. 영상에서 사람의 얼굴을 교체하거나, 음성을 다른 사람의 음성으로 바꾸는 등의 편집을 구현할 수 있습니다. 이 기술은 영화 제작, 광고, 엔터테인먼트 등의 다양한 분야에서 활용되지만 부정확한 정보 전파의 위험성과 비윤리적인 활용에 대한 위험성도 갖고 있습니다. 따라서 이러한 딥페이크 기술의 활용은 많은 기대와 함께 우려를 동시에 안고 있기 때문에 올바르고 주의 깊게 사용해야 합니다.

음성 분야에서도 다양한 기능이 등장하고 있습니다. 사람의 음성을 텍스트로 변환하는 기술인 ASR(Automatic Speech Recognition)을 통해 다양한 서비스를 제공합니다. 이를 통해 스마트 스피커, 음성 비서, 자동 번역 등 다양한 분야에서 응용할 수 있습니다. 특히 음성 합성 기술인 TTS(Text-to-Speech) 기술은 텍스트를 사람의 음성처럼 자연스러운 음성으로 변환합니다. 이를 활용하여 오디오북, 음성 가이드, 음성 비서 등의 서비스를 제공할 수 있습니다. 여기에 감정을 인식하는 기술도 개발에 박차를 가하고 있습니다. 사람의 음성, 톤, 템포, 높낮이 등을 분석하여 감정 상태를 인식하게 되면 이를 통해 고객 콜 센터 서비스, 면접, 상담 등 다양한 상황에서 활용될 것으로 기대되고 있습니다.

이번 장에서는 ChatGPT를 바탕으로 방송 대본을 작성해보고, 영상 및 음성을 생성해 내는 인공지능 서비스인 D-ID를 이용하여 간단한 아바타 발표 동영상을 만들어보겠습니다.

출처: 미드저니

---

1 GAN은 흔히 '생성적 적대 신경망'이라고 부르는 인공지능 알고리즘으로, Generator(생성기)와 Discriminator(판별기)라고 부르는 두 개의 신경망이 존재합니다. 이 두 신경망을 서로 대립시켜 진짜와 같은 가짜를 생성해내고 이를 판별하는 과정을 반복적으로 대응하며 학습하여 진짜와 같은 가짜 데이터를 만들어내는 방법입니다.

01

D-ID 활용 학습을 준비해요

이번 장에서는 인물의 사진을 바탕으로 얼굴 근육을 분석하여 입 모양과 음성을 통해 영상을 만들어주는 D-ID 서비스를 소개해 드리겠습니다. 학습을 시작하기 전에 D-ID 서비스에 가입해보겠습니다.

01 https://www.d-id.com에 접속합니다. 오른쪽 상단의 [Log in] 버튼을 클릭합니다.

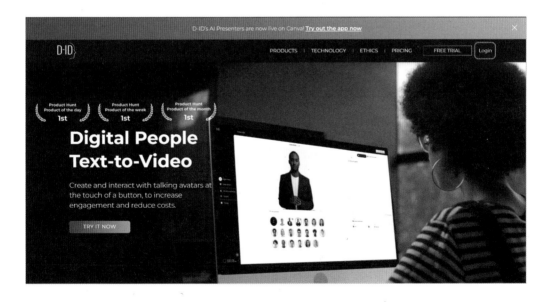

02 왼쪽 하단의 [Guest] 메뉴를 클릭하면 왼쪽과 같은 메뉴가 나타납니다. [Login/Signup] 을 클릭합니다.

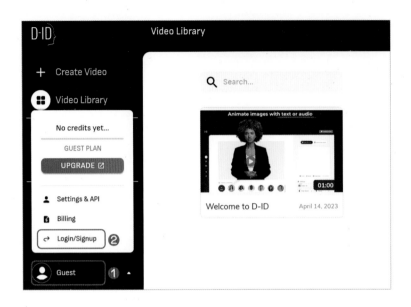

03 'Sign in with'의 [G] 아이콘을 클릭하면 기존에 소유하고 있는 구글 계정으로 로그인이 가능합니다. 로그인해줍니다.

04 왼쪽과 같이 전에는 'Guest'라고 쓰여 있던 부분이 구글 계정의 개인 이름으로 바뀌면 로 그인이 완료된 것입니다. 20개의 크레딧을 기본적으로 갖고 있다고 나타납니다.

05 왼쪽의 [+ Create Video] 또는 오른쪽 상단의 [CREATE VIDEO] 버튼을 눌러 영상을 만들 수 있습니다.

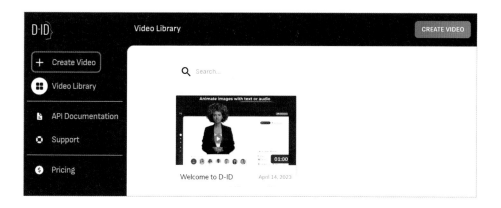

06 [+ Create Video]를 눌렀을 때의 화면입니다. 오른쪽에는 대본을 입력하거나 녹화된 음성을 업로드할 수 있으며 언어와 음성의 성별을 고를 수 있습니다. 완성된 영상은 [Video Library] 메뉴에 저장됩니다.

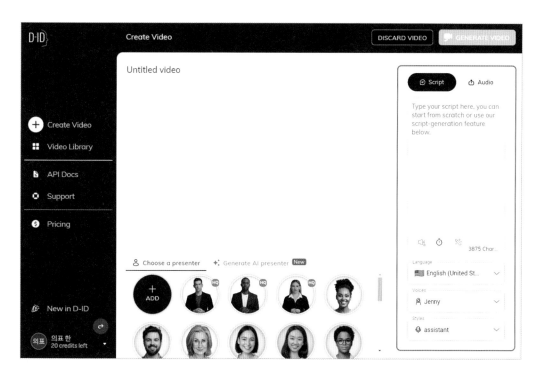

ChatGPT와 D-ID로
더빙 뉴스 영상을 만들어요

ChatGPT를 통해 대본을 만들어요

ChatGPT는 생성형 언어 모델로 다양한 언어 빅데이터를 갖고 있습니다. 따라서 다양한 분야의 주제 글쓰기를 완성도 높게 수행합니다. 이러한 ChatGPT의 능력을 바탕으로 다양한 글쓰기 학습에 ChatGPT를 활용할 수 있습니다. 이번 장에서는 '인공지능과 교육'을 주제로 ChatGPT를 활용하여 기사 초안을 작성하고 이를 바탕으로 뉴스 기사의 대본을 작성해보겠습니다.

👤 안녕? 나는 대한민국의 아나운서, 신문기자, 뉴스 영상 전문가를 지망하는 사람이야. 혹시 이런 것과 관련된 대본, 기사 등을 도와줄 수 있을까?

> 🤖 안녕하세요! 도와드리기를 원하는 대본, 기사 등의 주제를 알려주시면, 관련 내용을 작성하는 데 도움을 드리겠습니다.

👤 응, 다름이 아니고 혹시 최근의 교육, 에듀테크, 인공지능 기술 등과 관련된 뉴스 기사를 써볼까 해. 직업에 초점을 맞춰서. 어떤 주제가 가능할까?

> 🤖 최근의 교육, 에듀테크, 인공지능 기술 등과 관련된 뉴스 기사를 작성하는 것에 관심이 있으시

군요. 그렇다면, '인공지능이 교육 및 직업 시장에 미치는 영향'이라는 주제로 기사를 작성하는 것은 어떨까요? 이 주제는 여러 분야에 걸쳐 있어서 다양한 측면을 다룰 수 있을 것 같습니다. 아래에 기사 초안을 작성해보았습니다:

제목: 인공지능의 상승세, 교육과 직업 시장에 미치는 영향

최근 인공지능 기술의 발전으로 인해 교육과 직업 시장에 큰 변화가 일어나고 있다. 이러한 변화는 미래의 직업 트렌드와 교육 방식에 큰 영향을 미치고 있다.

첫째, 인공지능 기술이 교육 분야에서 활용되면서 맞춤형 교육이 가능해졌다. 인공지능 기반의 학습 알고리즘을 통해 학생들의 개별적인 학습 습관과 성향에 맞는 교육 방법을 제안하고 있다. 이러한 개인화된 교육은 학습 효율을 높이고 학생들의 능력 개발을 돕는다.

둘째, 에듀테크 기업들이 인공지능을 활용해 교육 콘텐츠를 제공하고 있다. 이를 통해 전통적인 교육 방식에 비해 저렴한 비용으로 다양한 교육 기회를 제공할 수 있게 되었다. 이는 교육의 불평등 문제를 해결하는 데 큰 도움이 된다.

셋째, 인공지능 기술의 발전으로 일부 직업들은 자동화되어 사라질 수 있다. 그러나 동시에 인공지능 관련 산업에서는 새로운 일자리가 생겨나고 있다. 이러한 변화로 인해 미래의 직업 시장은 지금과 다른 모습으로 변화될 것으로 예상된다.

결론적으로, 인공지능 기술의 발전은 교육과 직업 시장에 긍정적인 영향을 미치고 있다. 앞으로도 기술의 발전에 따라 교육과 직업 시장에 인공지능 기술의 영향에 따라 많은 직업의 변화가 있을 것이다.

👤 **해당 내용을 만약에 뉴스 기사로 쓰고 싶을 때의 대본을 정리해줄 수 있을까?**

💠 물론입니다! 뉴스 기사로 작성된 내용을 기반으로 뉴스 대본을 정리해 드리겠습니다.

앵커: 안녕하십니까, 오늘의 주요 뉴스를 전해드리겠습니다. 인공지능 기술의 발전이 교육과 직업 시장에 큰 변화를 가져오고 있는데요, 이에 대한 자세한 소식을 알아보겠습니다.

리포터: 최근 인공지능 기술의 발전으로 교육과 직업 시장이 겪고 있는 변화를 살펴보겠습니다. 먼저, 인공지능 기술이 교육 분야에 도입되면서 맞춤형 교육이 가능해졌습니다. 인공지능 기반의 학습 알고리즘을 통해 학생들의 개별적인 학습 습관과 성향에 맞는 교육 방법을 제안하고 있습니다.

또한, 에듀테크 기업들이 인공지능을 활용해 교육 콘텐츠를 제공하고 있는데요, 이를 통해 전통적인 교육 방식에 비해 저렴한 비용으로 다양한 교육 기회를 제공할 수 있게 되었습니다. 이는 교육의 불평등 문제를 해결하는 데 큰 도움이 됩니다.

하지만 이러한 기술의 발전은 일부 직업들이 자동화되어 사라질 수 있다는 우려도 가져옵니

다. 그러나 동시에 인공지능 관련 산업에서는 새로운 일자리가 생겨나고 있어 미래의 직업 시장은 지금과 다른 모습으로 변화될 것으로 예상됩니다.

앵커: 인공지능 기술의 발전이 교육과 직업 시장에 긍정적인 영향을 미치고 있는 것으로 보입니다. 앞으로도 기술의 발전에 따라 교육과 직업의 모습이 어떻게 변화할지 지켜볼 필요가 있겠습니다. 이상, 현장에서 전해드렸습니다.

이렇게 뉴스 대본을 작성해보았습니다. 수정이나 추가하실 내용이 있으시면 알려주세요.

 아냐! 고마워. 많은 도움이 되었어!

감사합니다! 도움이 되어서 기쁩니다. 앞으로도 언제든지 도움이 필요하시면 언제든지 말씀해 주세요. 좋은 하루 보내세요!

D-ID를 활용하여 더빙 영상을 만들어요

앞서 소개한 D-ID 사이트에 이전의 대화 중 더빙을 원하는 부분의 대본을 넣으면 기본으로 D-ID에서 제공되는 인물 또는 사용자가 업로드한 사진의 인물이 대본을 읽는 더빙 영상을 제작할 수 있습니다. 먼저 기본으로 제공되는 인물을 통해 더빙 영상을 제작해보겠습니다. 그 뒤, 인공지능이 그린 그림 사진을 첨부하여 영상을 제작해보겠습니다.

01 대본을 입력한 후 Language(언어)와 Voices(음성)를 설정하고 [GENERATE VIDEO] 버튼을 누릅니다.

02 영상 길이와 이름이 나타납니다. [GENERATE] 버튼을 누릅니다.

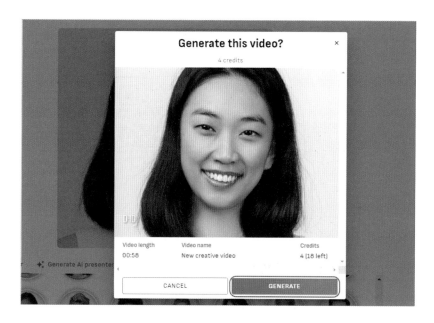

03 완성된 영상을 바로 재생할 수 있습니다. MP4 파일 또는 링크의 형태로 공유가 가능합니다.

04 왼쪽은 미드저니라는 생성형 AI 서비스를 통해 그린 인물 사진으로 영상을 만든 모습입니다. 아래 QR코드를 통하여 영상의 모습을 확인할 수 있습니다. 여러분들도 여러분의 사진을 업로드하여 영상을 만들 수 있습니다.

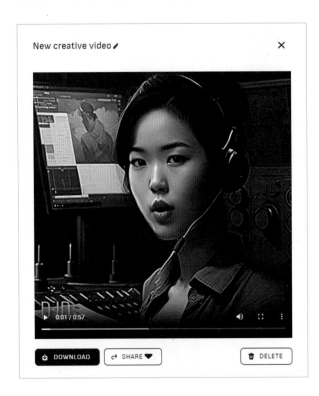

D-ID 사이트에서는 이렇게 기본으로 제공되는 영상 또는 사용자가 첨부한 사진을 통해 더빙 영상을 간단히 제작할 수 있습니다. 물론 완벽하게 자연스러운 영상은 아니지만, ChatGPT로 작성한 대본과 함께라면 간단한 더빙 영상을 손쉽게 만들 수 있으므로 다양하게 활용해보세요.

이런 점을 생각해요

인공지능으로 만드는 딥페이크 기술, 무엇을 고려해야 할까요?

👤 **딥페이크(Deep Fake) 기술의 문제점을 3가지만 알려주세요.**

 딥페이크 기술의 문제점 중 주요 3가지는 다음과 같습니다.

1. 개인의 사생활 침해: 딥페이크 기술을 이용하여 사람들의 얼굴이나 목소리를 조작한 비디오나 이미지를 만들어 개인의 명예훼손이나 사생활 침해로 이어질 수 있습니다.
2. 정치적 조작 및 선거 개입: 딥페이크 기술을 이용하여 정치인의 발언이나 행동을 조작하거나, 선거에 영향을 미칠 수 있는 가짜 뉴스나 사실이 아닌 내용을 확산시킬 수 있습니다.
3. 혼란 및 불신: 딥페이크 기술로 인해 진실과 거짓을 구별하기 어려워지면, 사람들 사이에 혼란과 불신이 퍼질 수 있습니다. 이로 인해 사회 전반의 신뢰도가 하락할 수 있습니다.

👤 **피해자가 되지 않기 위해 스스로를 보호하는 방법을 3가지 알려주세요.**

딥페이크의 피해자가 되지 않기 위해 스스로를 보호하는 주요 방법 3가지는 다음과 같습니다.

1. 정보 검증: 온라인에서 접하는 정보의 출처와 진실성을 확인하려고 노력해야 합니다. 특히 의심스러운 비디오나 이미지를 만나면 전문가의 의견이나 팩트체크 사이트를 찾아보는 것이 좋습니다.
2. 개인정보 보호: 개인 정보를 온라인에서 공유할 때는 신중해야 합니다. 공개적으로 접근할 수 있는 사진, 동영상, 오디오 파일 등을 최소한으로 유지하고, 소셜 미디어의 개인정보 설정을 철저히 관리하는 것이 중요합니다.
3. 디지털 리터러시 향상: 디지털 리터러시를 향상시켜 가짜 뉴스, 딥페이크 등을 구별할 수 있는 능력을 기르는 것이 중요합니다. 또한, 가짜 정보나 딥페이크 콘텐츠를 확산하지 않도록 주의해야 합니다.

이 외에도 온라인 상에서 금융거래나 중요한 대화를 할 때는 항상 보안에 유의하고, 혹시 모를 피해에 대비해 주기적으로 데이터 백업을 하는 것이 좋습니다. 또한, 주변인들에게도 딥페이크 기술에 대한 인식을 확산시키는 것이 중요합니다.

5			ChatGPT와 D-ID를 활용한 더빙 뉴스 영상 만들기										
관련 교과	시간	관련 학습 요소	컴퓨팅 사고력						인공지능				
			자료 수집	자료 분석	자료 표현	문제 분해	추상 화	알고 리즘 (절차)	인식	표현/ 추론	학습	상호 작용	사회적 영향
국어 · 창체	2차시		v		v			v	v	v	v	v	v

학습 주제	사회적 이슈를 다룬 뉴스 대본을 작성해보고 이를 바탕으로 인공지능 뉴스 영상 만들기
성취 기준	[9국03-06] 매체 자료의 효과를 판단하며 듣는다. [12언매03-03] 목적, 수용자, 매체의 특성을 고려하여 다양한 매체 자료를 생산한다. [창체] 인공지능 기술을 사용할 때의 주의점에 대해 알고 올바른 태도로 매체를 생산한다. [창체] 영상 및 음성 인식 분야의 인공지능기술에 대해 이해하고 이를 활용하여 매체를 생산한다.
학습 도구	컴퓨터 또는 태블릿, ChatGPT, D-ID

교수-학습 활동 요약

동기 유발	• 뉴스에 등장한 인공지능 앵커 살펴보기 　- 인간 앵커와 인공지능 앵커의 첫 대면: [https://youtu.be/k8X_Em-NQn0]
학습 활동	[학습 목표] 사회적 이슈를 다루는 인공지능 뉴스 영상 만들기 • [활동 1] 딥페이크 기술 알기 　- 딥페이크 기술이란 무엇일까요? [https://www.youtube.com/watch?v=tdCECcWeFqE] 　- 딥페이크 기술이 쓰일 수 있는 곳은 어디일지 논의해봅시다. 　- 딥페이크 기술을 사용할 때의 주의점에 대해 논의해봅시다. • [활동 2] ChatGPT를 통해 뉴스 대본 써보기 　- ChatGPT에게 역할 부여를 합니다. 　- ChatGPT에게 뉴스에서 다루면 좋을만한 사회적 이슈에 대해 물어봅니다. 　- ChatGPT가 정리해준 이슈에 대해 뉴스 대본을 부탁합니다. 　- ChatGPT가 작성한 뉴스의 대본에 정보 오류가 없는지 검토합니다. • [활동 3] D-ID를 통해 인공지능 뉴스 영상 만들기 　- D-ID 사이트의 사용법을 익혀봅시다. [https://www.d-id.com] 　- D-ID 사이트에 ChatGPT가 작성해준 대본 내용을 입력하고 자동으로 영상을 만들어봅시다. 　- 완성된 영상을 파일 다운로드 또는 링크 공유를 통해 공유합니다.
학습 정리	• 딥페이크 기술을 사용한 소감에 대해 정리합니다. • 학교 또는 가정 등 실제 생활에서 더빙 영상을 활용할 수 있는 상황에 대해 이야기를 나눠봅시다.
평가	[자기 평가] ChatGPT를 활용해 사회적 이슈를 다룬 뉴스 대본 작성을 완성하고 이를 바탕으로 인공지능 뉴스 영상을 스스로 완성했는지 평가하기

6장

AIVA와 Vrew를 활용한
오디오북 만들기

AIVA 활용 학습을 준비해요
ChatGPT와 Vrew로 글쓰기 및 영상 제작을 해보아요

음악 분야는 미술 분야와 더불어 인공지능이 사람을 따라잡기 어렵다고 분류되는 분야였습니다. 그 이유를 다음과 같습니다.

먼저 '창의성'입니다. 음악이나 미술은 창작자의 개인적인 경험, 감정, 통찰력, 영감 등을 표현하는 방식입니다. 현재 인공지능 기술로는 복잡하고 고유한 인간의 감성과 사고를 완전히 이해하거나 재현하기 어렵습니다. 다음은 '문화적 맥락과 해석'입니다. 인간은 특정 문화와 시대 배경을 이해하고 음악을 통해 전달된 메시지나 감정을 해석합니다. 그러나 인공지능은 문화적 맥락을 이해하거나 해석하는 데 한계가 있습니다. 마지막으로 '복잡성'의 문제가 있습니다. 인공지능으로는 간단한 멜로디에서부터 복잡한 조성과 리듬, 구조, 그리고 시간에 따른 변화를 이해하고 적절하게 조합하기 매우 어렵습니다.

그럼에도 인공지능은 이미 음악 분야에서 성과를 내고 있습니다. 미래의 음악에서 생성형 AI는 창작, 연주, 가르침, 분석 등 다양한 방법으로 활용될 수 있습니다. 관련된 직업의 모습을 살펴보면 다음과 같습니다.

첫째, 인공지능 음악 작곡가입니다. 음악 제작자들은 다양한 장르와 스타일의 음악을 만드는 데 인공지능을 더욱 활용할 것입니다. 둘째, 인공지능 음악 교육자입니다. 인공지능은 개인화된 음악 교육을 제공하는 데 도움이 될 수 있습니다. 인공지능을 사용하면 각 학생의 능력과 학습 스타일에 맞춰 맞춤형 교육 프로그램을 제공할 수 있습니다. 셋째, 음악 분석가입니다. 인공지능을 사용하면 대량의 음악 데이터를 분석하고 패턴을 발견할 수 있습니다. 그래서 새로운 음악 트렌드를 예측하거나, 고객의 음악 선호도를 분석하거나, 음악 추천 시스템을 개선할 수 있습니다. 또한 인공지능은 기존 음악 분야의 직업들에도 영향을 미칠 것입니다. 음악가는 인공지능 도구로 창작 과정을 보조하거나, 새로운 사운드를 탐색할 수 있습니다. 음악 프로듀서는 인공지능을 활용하여 녹음과 믹싱, 마스터링 과정을 개선할 수 있습니다.

이번 장에서는 유명 작곡가의 작품을 분석하여 기존 곡을 바탕으로 음악에 대해 학습하고 이를 바탕으로 사용자의 작곡을 돕는 인공지능 작곡 플랫폼인 AIVA(아이바)를 활용하여 손쉽게 작곡하는 법에 대해 이해하고 이를 바탕으로 Vrew와 연계하여 오디오북을 만들어보겠습니다.

출처: 미드저니

AIVA 활용 학습을 준비해요

음악 분야는 피아노의 건반 코드를 수학적으로 계산할 수 있는 바가 증명되었기 때문에 수학적인 원리를 바탕으로 다양한 생성형 AI 플랫폼이 개발되어 사용되고 있습니다. 이 중에 AIVA는 룩셈부르크의 AIVA 테크놀러지가 개발한 인공지능 사이트로 최초의 가상 아티스트로 불리기도 합니다. 이미 AIVA가 작곡한 다양한 음악들이 광고, 게임, 영화 등에서 사람들에게 선보이고 있습니다. 이번 장에서는 이러한 AIVA와 지난 장에서 배운 플랫폼 중 Vrew를 활용하여 오디오북을 만드는 과정에 대해 살펴보겠습니다.

01 구글 검색창에 'Aiva'라고 입력합니다.

02 검색 결과 제일 상단에 나오는 AIVA 웹사이트를 클릭합니다.

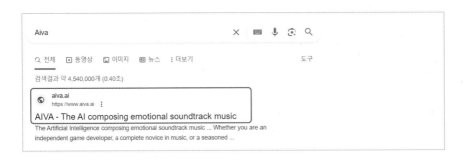

03 AIVA는 브라우저에서 바로 사용하거나 앱을 다운로드하여 사용할 수 있습니다. 본문에서는 웹에서 사용합니다. [Create an account] 버튼을 클릭합니다.

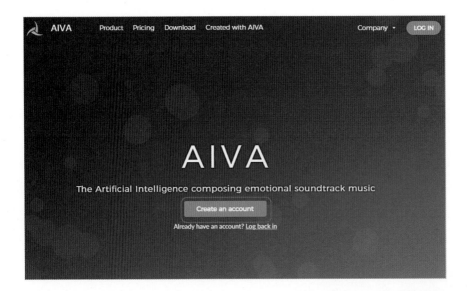

04 계정을 만들어 가입하는 팝업창이 나타납니다. 본문에서는 구글 계정을 연동해 활용하는 것을 추천합니다. [Continue with Google]을 클릭하여 소유한 구글 계정으로 로그인합니다. 구글 계정이 없을 경우 아래 이메일을 적어 가입을 진행하면 됩니다.

05 약관 정책 동의에 체크한 뒤 [Create account] 버튼을 누르면 가입 절차가 완료됩니다.

06 AIVA에 최초 가입했을 때의 메인 화면입니다. 왼쪽과 상단에는 메뉴가 있고, 화면의 중앙에는 작곡한 곡이 나타나게 됩니다. 왼쪽 메뉴에서 우클릭을 통해 사이트를 한글로 번역할 수 있습니다.

07 왼쪽 메뉴 중 [청구(Billing)] 메뉴를 통해 가격을 확인할 수 있습니다. 무료 계정이라도 최대 3분씩 월 3회 곡을 다운로드할 수 있습니다. 다만 작곡한 곡의 소유권은 AIVA가 갖게 됩니다.

08 오른쪽 상단의 [+만들다 (+Create)] 버튼을 클릭해 바로 곡을 만드는 메뉴로 들어갈 수 있습니다.

09 트랙을 만들 수 있는 화면입니다. 제시된 다양한 기본 트랙을 선택하여 변화에 관한 옵션을 주면 곡을 손쉽게 작곡해줍니다. 장/단조 조성, 곡의 길이, 동시에 작곡하는 곡의 수 등을 조정할 수 있습니다.

※그 외에도 작곡이 완료된 곡을 편집(편곡)하거나 작곡에 활용되는 샘플 곡을 제출하는 메뉴도 있습니다. 또한 AIVA에서 작곡한 곡의 수에 따라 보상을 주는 메뉴, 커뮤니티 메뉴 등이 있습니다.

ChatGPT와 Vrew로
글쓰기 및 영상 제작을 해보아요

ChatGPT를 통해 시 낭송 또는 소설의 내용을 작성해보아요

앞서 ChatGPT를 다양하게 활용해보았습니다. 이번에는 ChatGPT에 관한 모든 내용을 싣지는 않고, 가장 중요한 질문과 대답만 보여드리겠습니다. 본문에서는 시를 작성해보았습니다.

> 🧑 여태까지 봄에 관하여 이야기한 것을 바탕으로, 봄의 화창한 날씨와 새로운 생명 등을 주제로 하여 평화로운 분위기의 시를 쓰려고 해. 소재를 추천해주고, 예시로 시도 써줄 수 있을까?

> 🤖 꽃들이 피어나는 모습: 봄에는 꽃들이 피어나므로 이를 주제로 시를 쓸 수 있습니다. 꽃의 향기, 색깔, 그리고 꽃잎의 모양 등을 설명하면서 평화로운 분위기를 만들 수 있습니다.
>
> 새로운 생명의 탄생: 봄에는 새로운 생명이 탄생합니다. 새끼 동물들이 태어나는 모습, 새로운 잎이 피어나는 나무, 새로운 새싹이 돋아나는 모습 등을 묘사해보세요.
>
> 따뜻한 봄날의 날씨: 봄의 따뜻한 햇살을 묘사하는 것도 좋습니다. 햇살이 땅을 따뜻하게 만드는 모습, 햇살이 피어나는 꽃에 반사되는 모습 등을 묘사할 수 있습니다.
>
> 이러한 소재들을 바탕으로 봄의 화창한 날씨와 새로운 생명에 대한 평화로운 분위기를 묘사하는 시를 쓰는 것은 어떨까요? 다음은 그런 테마로 작성한 예시 시입니다:
>
> 봄바람이 나무 가지를 스치며
> 새싹들을 약속의 노래로 깨워,
> 푸르름이 세상을 감싸는 품이 되어

새로운 생명의 축복을 부르네.

꽃들이 부끄러워하며 얼굴을 내비쳐,

향기를 가득 품은 속삭임으로

세상에 평화의 노래를 불러,

마음의 별빛을 빛나게 하네.

따뜻한 봄 햇살이 흙을 촉촉히 적셔,

마음의 씨앗을 자라게 하네.

하나, 둘, 새로운 새싹이 돋아나며,

평화로운 봄날을 함께 춤추네.

ChatGPT가 뚝딱 봄에 관한 시를 작성해주었습니다. 이제 위의 시를 바탕으로 Vrew로 간단한 영상을 제작해보겠습니다.

Vrew를 통해 시의 내용이 담겨 있는 자막과 영상을 만들어봐요

4장에서 Vrew를 통해 생성형 AI로 영상을 만드는 방법에 대해서 알아보았습니다. 앞선 내용을 바탕으로 위의 시의 내용을 Vrew에 대본으로 입력하여 간단한 영상을 만들어보겠습니다.

01 Vrew를 실행하고 [텍스트로 비디오 만들기] 메뉴를 클릭합니다.

02 ChatGPT가 작성해준 대본을 입력하고 영상 유형, 화면 비율 등을 필요에 맞게 조정합니다. 이후 원하는 대로 대본을 읽어 줄 성우를 선합니다. 본문에서는 '봄바람'이라는 주제의 시를 낭송하게 하기 위하여 어린이 성우를 선택하였습니다.

03 Vrew로 영상의 초안을 우선 제작하였습니다.

AIVA로 시 낭송 또는 소설의 배경음을 작곡해보아요

이제는 위의 영상에 배경음으로 배치될 음악을 AIVA를 통해 작곡해보겠습니다. 먼저 앞서 살펴본 AIVA의 메뉴 중 마지막 단계였던 [+만들다] 또는 [트랙 만들기] 메뉴를 클릭한 상태까지 진행한 뒤 다음의 내용을 순서대로 따라오면 쉽게 음악을 작곡할 수 있습니다.

01 [+만들다] 메뉴까지 실행합니다. 크롬 브라우저에서 한글을 번역할 경우 가끔 음악 요소가 이해하기 어렵게 번역되는 경우가 있으므로 이 부분은 영어로 진행하는 것이 좋습니다.

02 나의 시의 분위기와 어울리는 곡 장르를 마우스로 가리키면 오른쪽에 [+ Create] 버튼이 생깁니다(재생 버튼을 누르면 미리듣기가 가능합니다).

03 곡의 기초 설정이 가능합니다. Key Signature는 조성, Duration은 길이, Number of Compositions는 곡의 수입니다.

04 곡이 완성되었습니다. 완성된 곡에 대한 제목 및 곡의 특징에 대해 간단히 살펴볼 수 있는 목록이 나타납니다.

05 곡의 제목, 가장 기초가 되는 소스와 함께 곡의 조성, 빠르기, 작곡 날짜, 길이 등 다양한 정보가 나타납니다(작곡한 곡의 설정에 따라 결과는 다를 수 있습니다).

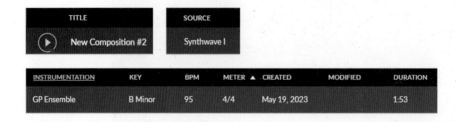

112

06 가장 오른쪽 끝의 다운로드 버튼을 누르면 나타나는 메뉴입니다. 무료 버전에서도 MP3 파일 형식으로 손쉽게 다운로드할 수 있습니다.

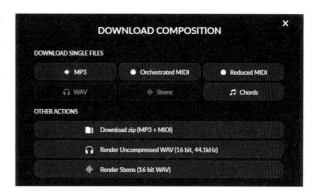

AIVA로 작곡한 배경음을 Vrew 영상의 배경음에 삽입해요

마지막 단계입니다. 작곡하여 다운로드한 배경음악 파일을 Vrew 영상의 배경음으로 삽입하고자 합니다. 앞서 다운로드한 MP3 파일의 위치를 잘 확인하고 Vrew를 실행합니다. 영상을 만들어둔 상태에서 Vrew를 종료하지 않았다면 현재 자막과 Vrew에서 제공하는 이미지가 합쳐져 영상으로 만들어져 있는 상태일 것입니다.

01 Vrew 실행 화면에서 상단의 [삽입] 메뉴를 클릭한 뒤 아래의 메뉴 중 [배경 음악] 메뉴를 클릭합니다.

02 오른쪽에 "배경 음악" 메뉴가 새롭게 나타납니다. 그중 [+ PC에서 불러오기] 버튼을 클릭합니다.

03 PC에서 아까 저장한 MP3 파일이 잘 삽입된 것을 확인한 뒤, 오른쪽 하단의 [+ 삽입하기] 버튼을 클릭합니다.

04 화면 중앙에서 우상단에 🎵 아이콘이 있습니다. 클릭해보면 배경음악이 적용된 것을 간단하게 확인할 수 있습니다.

05 완성된 뒤 왼쪽의 미리보기 화면을 보면 자막 부분에는 ChatGPT가 직접 작문한 시의 내용이 나타납니다. 또한 하단부에서는 AIVA가 작곡한 곡 파일이 들어가 있는 것을 최종 확인할 수 있습니다. 오른쪽 상단의 [내보내기] 버튼을 활용하여 완성된 작품을 공유할 수도 있습니다.

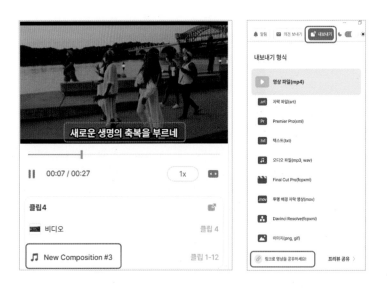

이렇게 여러분은 생성형 AI인 ChatGPT로 글을 쓰고, AIVA로 작곡하는 방법을 익혔습니다. 이제 이러한 기능들을 마음껏 활용해서 상황에 따라 여러분만의 창의적인 산출물을 손쉽게 만들어봅시다!

🧠 이런 점을 생각해요

음악 분야에서의 생성형 AI의 활약, 어떠한 고민거리가 있을까요?

👤 **음악 분야에서의 저작권 논쟁, 생성형 AI는 자유로울까요?**

🔵 생성형 AI에 대한 음악 저작권 논란은 복잡하고 아직 확정적인 답변이 없는 주제입니다. 인공지능이 독창적인 작품을 만들었을 때 그 작품의 저작권에 대한 논쟁은 계속되고 있습니다.

일부 사람들은 인공지능이 창작 활동을 수행하거나 인간과 같은 저작권 보호를 받을 권리가 없으므로 인공지능이 독립적으로 생성한 작품은 공용 도메인에 속해야 한다고 주장합니다. 다른 사람들은 인공지능이 생성한 작품의 저작권은 인공지능을 학습시킨 개인이나 조직에 속해야 한다고 주장합니다. 인공지능이 사용한 데이터와 학습 알고리즘을 제공한 개인이나 조직이 실질적으로 기여한 결과물이기 때문입니다.

이런 논쟁들은 인공지능과 저작권에 대한 새로운 법률과 정책을 만들 필요성을 드러냅니다. 이는 미래의 연구와 논의를 통해 점차 해결될 것이지만, 아직은 명확한 답변이 없는 상태입니다.

👤 **음악과 관련된 직업 종사자들은 어떻게 미래를 준비해야 할까요?**

🔵 음악과 관련된 직업 종사자들이 인공지능 시대를 준비하는 데 있어 몇 가지 고려 사항이 있습니다:

1. AI 및 관련 기술 학습: 인공지능이 음악 창작 및 제작에 어떻게 활용될 수 있는지 이해하려면 기본적인 인공지능 지식이 필요합니다. 이를 위해 인공지능과 관련된 교육 자료와 코스를 찾아보는 것이 좋습니다. 특히 음악과 관련된 인공지능 도구와 플랫폼을 사용해보는 것은 매우 유익할 것입니다.
2. 적응성 및 유연성: 인공지능이 음악 산업에 가져온 변화에 빠르게 적응하고 새로운 기술을 효과적으로 활용하기 위해서는 열린 마음과 유연성이 필요합니다.
3. 협업 역량 발전: 인공지능과 효과적으로 협업하기 위해 필요한 역량을 발전시키는 것이 중요합니다.
4. 협업 역량 발전: 인공지능과 효과적으로 협업하기 위해 필요한 역량을 발전시키는 것이 중요합니다.
5. 법적 이슈 이해: 인공지능과 음악을 다루는 과정에서는 저작권과 관련된 법적 이슈가 종종 발생합니다. 이런 이슈에 대해 이해하고 준비하는 것도 중요합니다.

인공지능이 음악 산업에 가져올 변화에 적극적으로 대응하면서 이런 기회를 잘 활용하면 더욱 성공적인 경력을 쌓을 수 있을 것입니다.

6			AIVA와 Vrew를 활용한 오디오북 만들기										
관련 교과	시간	관련 학습 요소	컴퓨팅 사고력						인공지능				
			자료 수집	자료 분석	자료 표현	문제 분해	추상 화	알고 리즘 (절차)	인식	표현/ 추론	학습	상호 작용	사회적 영향
국어 · 음악	2차시		V	V	V		V	V	V	V	V	V	V

학습 주제	다양한 주제를 바탕으로 시 또는 소설을 작문하고 이와 어울리는 오디오북 만들기
성취 기준	[9국03-07] 생각이나 느낌, 경험을 드러내는 다양한 표현을 활용하여 글을 쓴다. [9국03-05] 자신의 삶과 경험을 바탕으로 하여 독자에게 감동이나 즐거움을 주는 글을 쓴다. [9음01-03] 음악의 구성을 이해하여 주어진 조건에 따라 간단한 음악 작품을 만든다. [12문학02-05] 작품을 읽고 다양한 시각에서 재구성하거나 주체적인 관점에서 창작한다. [12음연01-02] 악곡의 요소와 개념을 이해하여 창의적으로 표현한다.
학습 도구	컴퓨터 또는 태블릿, ChatGPT, Vrew, AIVA

교수–학습 활동 요약	
동기 유발	– 인공지능이 이젠 시도 쓰고 작곡도 한다. SBS 뉴스: [https://youtu.be/vcoi4aAJT1E] – 인공지능은 같이 공동 창작하는 동료이다! 그럼 인공지능이 만든 창작물의 저작권은 어떻게 될까요?
학습 활동	[학습 목표] 인공지능을 통해 오디오북 만들기 • [활동 1] ChatGPT를 통해 작문 활동하기 　– ChatGPT를 통해 작문 활동을 하기 위한 배경지식과 역할을 부여해야 할까요? 　– 시와 소설을 작성하기 위한 소제 및 주제 선정하기 　– 시 또는 소설 작문하기 • [활동 2] Vrew를 통해 영상 초안 만들기 　– Vrew의 Text to Video 기능을 활용하기 위한 대본 입력하기 　– Vrew를 통해 만들어진 영상의 이미지 파일 설정하기 　– 자막과 배경 이미지의 어우러짐 확인하기 • [활동 3] AIVA를 통해 배경음악을 만들고 Vrew에 삽입하기 　– AIVA 플랫폼에서 배경음악 기본 베이스 설정하기 　– 조성, 길이 등을 작문한 시 또는 이야기에 맞춰 설정하고 곡 만들어 다운로드하기 　– 다운로드한 곡을 Vrew의 배경 음악에 삽입하기 　– '내보내기' 기능을 통해 파일 또는 링크의 형태로 친구들에게 공유하기
학습 정리	• 생성형 AI를 통해 만든 산출물을 패들렛 등과 같은 협업 도구를 통해 공유합니다. • 다양한 글쓰기 작품에 어울리기 위해 음악의 특징은 어떻게 설정해야 할지 생각해봅시다.
평가	[동료 평가] 누가 글, 영상, 배경음악이 어울리는 작품을 만들었는지 친구들의 작품을 평가해봅시다.

7장

Bard를 활용해

AI 딜레마 토론 자료 만들기

Bard 활용 학습을 준비해요
Gamma 활용 학습을 준비해요
Moral Machine과 Bard를 활용해요

ChatGPT로 시작된 생성형 AI에 대한 높은 관심은 최근 구글 Bard(바드)가 등장하면서 더욱 뜨거워졌습니다. ChatGPT와 Bard는 둘 다 거대 언어 모델로서 텍스트 데이터를 학습해 새로운 데이터를 만들어 냅니다. 언어 모델이란 어떤 말뭉치에 대해 다음에 이어질 말뭉치의 확률을 할당하는 딥러닝 언어 모델을 뜻합니다. 즉, 사용자가 말을 했을 때 그 말 다음에 이어질 말로 어떤 말이 가장 잘 어울릴지를 찾는 프로그램이라 볼 수 있습니다.

ChatGPT와 Bard는 모두 언어 모델로서 텍스트 데이터를 학습하여 새로운 데이터를 생성합니다. ChatGPT는 다양한 매체에서 수집한 데이터를 활용하여 대답을 생성하는 반면, Bard는 구글 검색을 통해 최신 정보를 활용하여 대답을 만들어냅니다. 이로 인해 Bard는 최신 정보에 더 접근할 수 있습니다.

또한 학습된 데이터의 양과 언어적 유창성에도 차이가 있습니다. 언어 모델의 대답이 사용자와의 원활한 상호작용이 이루기 위해서는 결국 얼마나 많은 데이터로 학습을 많이 했는지로 결정됩니다. 당연한 말이지만 학습에 활용한 학습 데이터의 양에 따라 성능이 결정됩니다. 정확한 학습 데이터 양이 공개되지는 않았지만 GPT-3.5의 경우 45TB라고 스스로 답했고 GPT-4는 이보다 많은 데이터 학습했음을 짐작할 수 있습니다. Bard는 스스로 GPT의 학습 데이터의 양이 더 크다고 대답했습니다. 이를 통해 ChatGPT가 정확성 등의 면에서 좀 더 나은 대답을 내놓을 것이라 생각할 수 있습니다. 다만 Bard의 경우 영어 다음 지원 언어가 한국어이기 때문에 한국어만 놓고 보면 우리에게는 Bard가 좀 더 상호작용이 잘되고, 정확도가 높다고 느껴질 수 있습니다.

ChatGPT는 무료로 사용 시 시간당 사용 횟수에 제한이 있고, GPT-3.5만 이용 가능하지만 Bard는 현재 무료로 누구나 사용할 수 있도록 공개되어 있습니다. 둘 다 연령 제한이 있어 13세 미만 어린이의 사용은 금지하고 있으며 13세 이상 18세 미만은 보호자의 동의로 이용 가능합니다. 이렇게 연령 제한을 두는 이유는 아직 어린이에게 적합한 콘텐츠를 생성할 수 있는 능력이 제한되어 있어 어린이에게 부적절하거나 유해한 콘텐츠를 생성하여 제공할 수 있기 때문입니다. 이번 장에서는 Bard와 Moral Machine을 활용해 인공지능의 윤리적 딜레마 상황에서 어떤 판단을 해야 할지 찬반 토론하는 자료를 만들어보겠습니다.

출처: 미드저니

Bard 활용 학습을 준비해요

수업을 시작하기에 앞서 Bard 사이트에 접속합니다. Bard 서비스를 활용하려면 구글 계정이 필요합니다. 이미 구글 계정이 있다면 아래 절차 없이도 구글 계정으로 로그인한 후 Bard 서비스를 바로 사용할 수 있습니다.

01 구글 검색창에서 "바드"로 검색해 접속합니다. 주소창에 [https://bard.google.com/]을 바로 입력해도 됩니다.

02 상단 또는 하단에 있는 [로그인] 버튼을 클릭합니다. 이미 구글 계정에 로그인되어 있다면 이런 절차 없이 바로 사용 가능합니다.

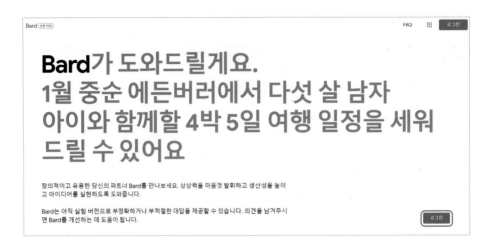

03 기존에 소유하고 있던 구글 계정을 입력하고 로그인합니다.

04 만약 계정이 없다면 [계정 만들기] 버튼을 클릭해 계정을 만들도록 합니다.

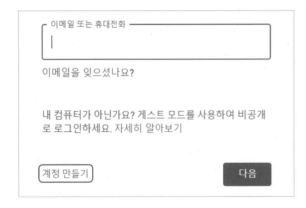

05 [개인용], [자녀 계정], [직장 또는 비즈니스용] 중 선택한 후 [다음] 버튼을 누릅니다.

계정 만들기

다음

개인용

자녀 계정

한국어   도움말   개인정보처리방침   약관

직장 또는 비즈니스용

06 이름, 아이디, 이메일 주소 등의 정보를 입력하고 [다음] 버튼을 누릅니다.

Google

Google 계정 만들기

성   이름

사용자 이름   @gmail.com

문자, 숫자, 마침표를 사용할 수 있습니다

대신 현재 이메일 주소 사용

비밀번호   확인

문자, 숫자, 기호를 조합하여 8자 이상을 사용하세요

☐ 비밀번호 표시

하나의 계정으로 모든 Google 서비스를 이용할 수 있습니다.

대신 로그인하기   다음

07 전화번호와 복구 이메일 주소는 선택 사항이므로 입력하지 않아도 됩니다. 하지만 나중에 비밀번호 등을 잊었을 때 이러한 정보를 미리 제공했다면 빠르게 비밀번호를 찾을 수 있습니다. 출생 연도, 월, 일, 성별 등의 정보를 입력한 뒤 [다음] 버튼을 누릅니다.

Google에 오신 것을 환영합니다

● hongjybook@gmail.com

📱 ▼ 전화번호(선택사항)

Google은 이 번호를 계정 보안 용도로만 사용합니다. 다른 사용자에게는 전화번호가 표시되지 않습니다. 나중에 다른 용도로도 이 번호를 사용할지 결정할 수 있습니다.

복구 이메일 주소(선택사항)

계정을 안전하게 보호하기 위해 사용합니다

연도   월   일

생일

성별

이 정보가 필요한 이유

개인정보를 비공개로 안전하게 유지합니다.

뒤로   다음

08 서비스 약관에 동의한 뒤 [계정 만들기] 버튼을 누르면 완료됩니다.

09 Bard를 사용할 수 있는 화면이 나옵니다. 오른쪽 상단에 자신이 만든 또는 로그인한 계정이 보입니다.

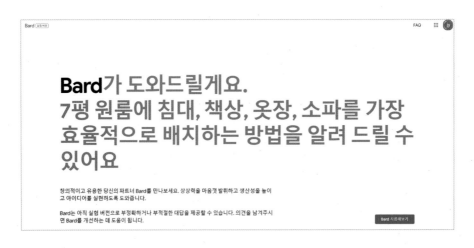

10 약관 및 개인 정보 보호에 대해 읽고 스크롤을 아래로 내리면 [더보기] 버튼이 [동의]로 바뀝니다. [동의] 버튼을 클릭합니다.

11 Bard를 사용할 때 유의할 점을 읽고 [계속] 버튼을 누릅니다.

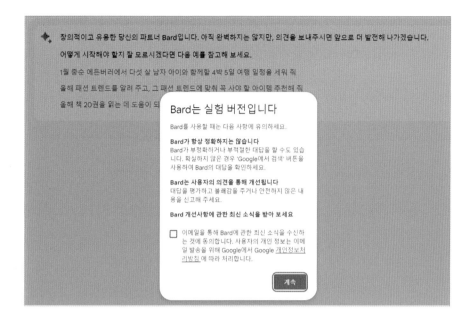

12 Bard 사용의 모든 준비가 완료되었습니다.

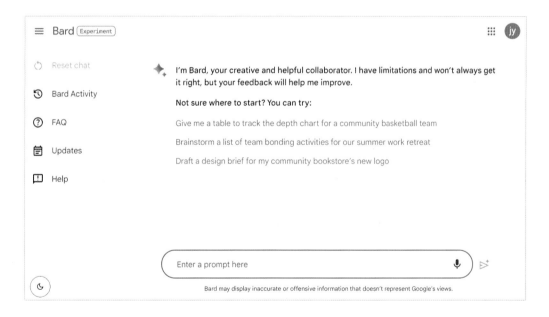

Gamma 활용 학습을 준비해요

수업을 시작하기에 앞서 Gamma 사이트에 접속합니다. Gamma 서비스를 활용하려면 회원 가입을 해야 합니다. 인터넷 주소창에 [https://gamma.app/]을 입력합니다.

01 Gamma 홈페이지에 접속합니다. 메인 페이지 가운데에 있는 [Sign up for free] 버튼을 선택합니다.

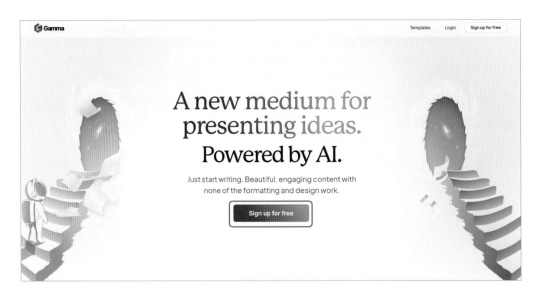

02 구글 계정으로 로그인할 수 있으므로 [Continue with Google] 버튼을 클릭합니다.

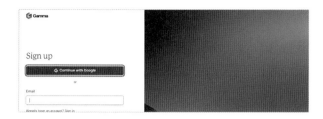

03 보이는 화면에서 [Team or company] 또는 [Personal]을 선택하고 워크스페이스의 이름을 입력한 뒤 [Create workspace]를 선택합니다.

04 본 사이트를 사용하는 목적과 직업(교사, 학생 등)을 선택한 뒤 [Get started] 버튼을 클릭합니다. 이제 Gamma를 활용해 프레젠테이션, 문서, 웹페이지를 만들 수 있습니다.

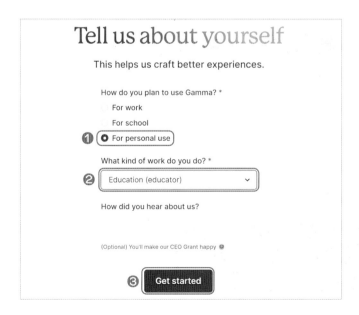

Moral Machine과 Bard를 활용해요

인공지능의 윤리적 딜레마를 알아보는 Moral Machine 사이트에 접속해요

Moral Machine 사이트는 인공지능의 윤리적 결정에 대한 사회적 인식을 수집하는 사이트입니다. 비슷한 도덕적 딜레마를 여러 개 만들고 사람들의 선택을 통해 윤리적 판단에 대한 사회적 합의를 찾아가는 경험을 할 수 있습니다. 인터넷 주소창에 [https://www.moralmachine.net/hl/kr]를 입력합니다.

01 Moral Machine에 대한 설명을 읽을 수 있습니다. [**시작하기**] 버튼을 클릭합니다.

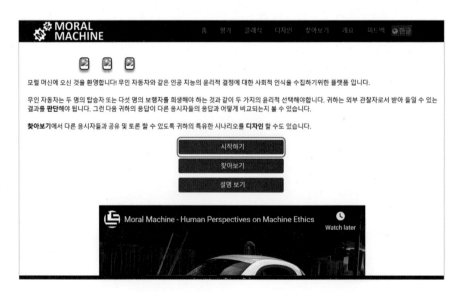

02 총 13단계의 윤리적 상황에 직면하게 됩니다. 잘 읽고 자신의 선택을 결정합니다.

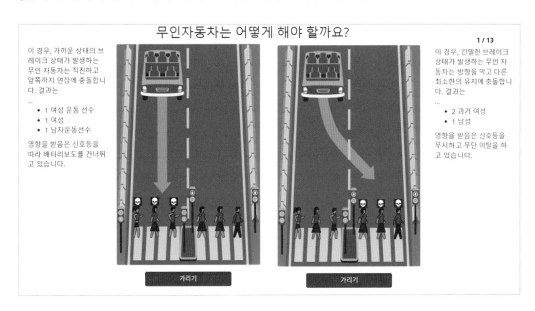

03 어떤 상황인지를 꼼꼼하게 읽어보고 선택합니다. 신호등의 신호를 무시하고 걷는다든지, 무인 자동차 속 운전자가 개입을 해야 하는 상황인지 등 다양한 상황에서 신중하게 자신의 윤리적 선택을 결정합니다.

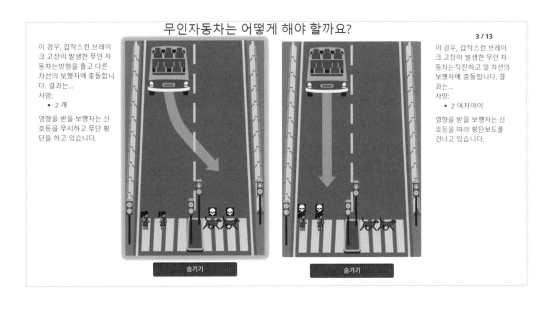

04 13단계까지 모두 완료했다면 "귀하의 결정을 더 깊이 이해할 수 있도록 도와주시겠습니까?" 메시지에 [예]라고 응답합니다.

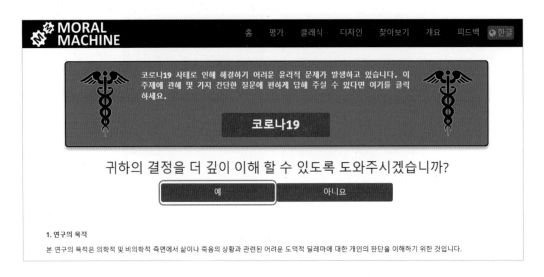

05 자신이 어떤 윤리적 가치를 더 중요하게 생각하는지 확인할 수 있습니다.

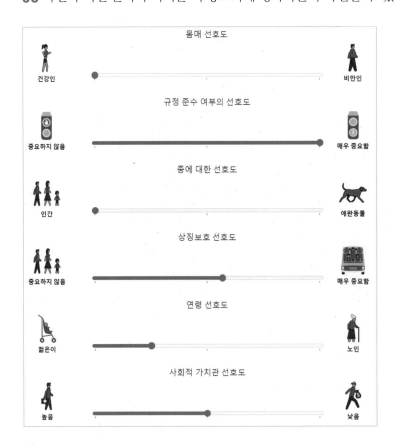

이처럼 Moral Machine 사이트를 활용해 윤리적 딜레마 상황에서 자신의 더 중요하게 생각하는 윤리적 가치가 무엇인지 확인해볼 수 있습니다. 하지만 이러한 선택을 했음에도 자신의 결정이 옳았는지에 대해서는 여전히 의문을 가질 수 있습니다. 이런 갈등 상황에서 Bard와의 대화를 통해 자신의 생각을 좀 더 다듬을 수 있습니다.

Bard를 활용해요

자신의 윤리적 가치 판단 결과를 바탕으로 Bard와 대화를 나누는 방법을 살펴보겠습니다.

01 Bard에게 자신의 선택이 타당한 선택이었는지 질문합니다.

> 👤 Moral Machine에서 윤리적 딜레마 상황에 대한 선택을 했습니다. 저는 비만인보다는 건강인을 매우 선호한다고 나왔습니다. 이와 같은 결정이 타당하다고 볼 수 있을까요?

> ✦ 그건 당신이 결정해야 할 몫입니다. Moral Machine은 단지 당신의 윤리적 가치관을 반영할 뿐입니다. 비만인보다 건강인을 선호하는 것은 타당하다고 볼 수도 있고, 그렇지 않다고 볼 수도 있습니다. 타당한 결정은 없습니다. 중요한 것은 당신이 자신의 결정에 대해 편안함을 느끼는 것입니다.

02 자신의 생각을 밝히고 윤리적 선택이 어려운 경우 선택을 하지 않았을 때 어떤 결과를 가지고 올지 질문합니다.

> 👤 건강을 생각한다면 건강인에 대해 더 가치 있게 생각하는 것이 옳다고 생각합니다. 하지만 그런 가치가 비만인은 건강인보다 죽어도 된다는 선택으로 이어지는 것은 위험한 것 같습니다. 둘 중 선택해야 하는 상황에서 어쩔 수 없이 선택했지만, 이런 결과가 나온다면 선택이 꺼려질 것 같습니다. 선택을 하지 않는다면 어떤 결과가 나올까요?

> ✦ 선택을 하지 않으면 무슨 일이 일어날지 말하기는 어렵습니다. 그것은 상황에 따라 다릅니다. 그러나 선택을 하지 않으면 책임을 져야 할 수도 있다는 것을 기억하는 것이 중요합니다.
>
> Moral Machine은 단지 도구일 뿐입니다. 그것에 너무 많은 의미를 부여하지 않는 것이 중요합니다. 그것은 단지 당신의 윤리적 가치관을 반영할 뿐입니다.

03 Bard가 제시한 답변에 자신의 생각을 더해 대화를 이어나갑니다.

> 🧑 하지만 실제 무인 자동차가 일상화되면 이런 상황들이 정말 발생할 것입니다. 의미를 부여하지 않을 수가 없습니다.

> ✦ 네. 자율 주행차가 일상화되면 이런 상황들이 정말 발생할 것입니다. 그리고 그것은 어려운 결정입니다. 옳고 그른 답은 없습니다. 가장 중요한 것은 자신의 결정에 대해 편안함을 느끼는 것입니다.
>
> 자율 주행차를 프로그래밍할 때에는 이런 윤리적 딜레마를 고려하는 것이 중요합니다. 그러나 완벽한 답은 없습니다. 가장 중요한 것은 다양한 관점을 고려하고 가장 공정한 결정을 내리는 것입니다.

04 윤리적 딜레마 상황에서 결정해야 할 때 고려할 다양한 관점 및 공정한 결정을 내릴 수 있는 방법에 대해 질문합니다.

> 🧑 윤리적 딜레마 상황에서 어떤 선택을 해야 할 때 고려해야 할 다양한 관점은 무엇일까요? 어떻게 하면 공정한 결정을 내릴 수 있나요?

> ✦ 윤리적 딜레마 상황에서 어떤 선택을 해야 할 때 고려해야 할 다양한 관점이 있습니다. 몇 가지 예는 다음과 같습니다.
>
> – 피해의 최소화: 이 관점은 가능한 한 적은 피해를 입히는 결정을 내리는 데 중점을 둡니다.
>
> – 공정성: 이 관점은 모든 사람에게 공정하게 대우하는 결정을 내리는 데 중점을 둡니다.
>
> – 공리주의: 이 관점은 가장 많은 사람들에게 가장 큰 이익을 주는 결정을 내리는 데 중점을 둡니다.
>
> – 의무론: 이 관점은 옳은 일이라고 생각하는 결정을 내리는 데 중점을 둡니다.
>
> 공정한 결정을 내리기 위해 할 수 있는 몇 가지 방법이 있습니다. 몇 가지 예는 다음과 같습니다.
>
> – 다양한 관점을 고려하십시오. 결정을 내리기 전에 다양한 관점을 고려하는 것이 중요합니다.
>
> – 잠재적인 결과를 고려하십시오. 결정의 잠재적인 결과를 고려하는 것도 중요합니다.
>
> – 자신의 가치관을 고려하십시오. 자신의 가치관을 고려하고 이러한 가치관이 결정에 어떻게 반영되어야 하는지 생각하는 것도 중요합니다.

– 다른 사람들과 상의하십시오. 결정을 내리기 전에 다른 사람들과 상의하는 것도 도움이 될 수 있습니다. 그들은 다른 관점을 제공하고 결정을 내리는 데 도움이 될 수 있습니다.

궁극적으로 윤리적 딜레마 상황에서 어떤 선택을 해야 할지 결정하는 것은 각 개인의 몫입니다. 옳고 그른 답은 없으며 가장 중요한 것은 자신의 결정에 대해 편안함을 느끼는 것입니다.

05 [다른 답안 보기]를 클릭하면 Bard의 다른 답안을 확인할 수 있습니다.

👤 윤리적 딜레마 상황에서 어떤 선택을 해야 할 때 고려해야 할 다양한 관점은 무엇일까요? 어떻게 하면 공정한 결정을 내릴 수 있나요?

이렇듯 Bard와의 대화를 바탕으로 윤리적 딜레마 상황에서 자신의 결정에 대해 보다 심도 있게 생각해볼 수 있습니다. 이를 통해 토론 발표 자료를 만들어봅시다.

Gamma를 활용해 발표 자료를 만들어요

01 Gamma에 접속한 뒤 [Presentation](프레젠테이션), [Documents](문서), [Webpage](웹페이지) 중 [Presentation]을 선택합니다.

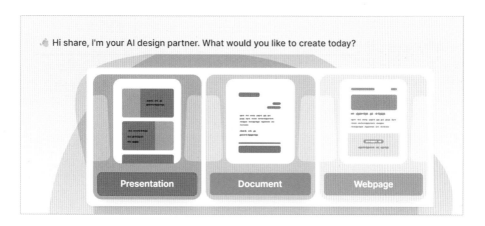

02 프롬프트에 작성하기를 원하는 프레젠테이션에 대해 설명합니다. 한국어로 입력해도 되지만 영어로 작성했을 때 더 정확하게 이해하므로 영어로 작성해도 좋습니다. 구글 번역기 등을 활용해 번역한 영어로 붙여 넣습니다. 예시에서는 "인공지능의 윤리적 딜레마 상황에 대한 토론 자료를 만들기를 원합니다. 먼저 딜레마 상황에 대한 내 입장을 설명합니다. 그리고 딜레마 상황에서 의사결정을 할 때 고려해야 할 사항을 정리할 예정입니다."를 영어로 번역해 입력하였습니다. 프롬프트에 300자까지 작성할 수 있으므로 어떤 프레젠테이션 자료를 만들고 싶은지 간결하면서도 구체적으로 입력합니다.

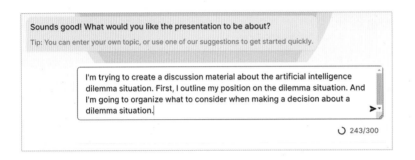

03 요청한 프레젠테이션에 대해 아이디어를 제시해줍니다. 제시한 아이디어가 자신이 요청한 프레젠테이션과 방향이 맞지 않다면 [Try again]을, 맞는다면 [Continue]를 선택합니다.

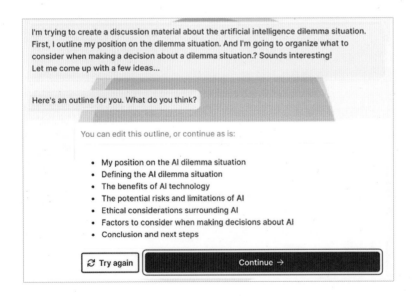

04 다음 단계에서 프레젠테이션의 디자인 테마 중 원하는 테마를 선택합니다.

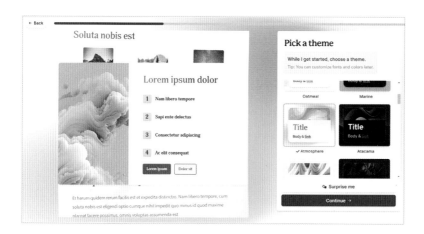

05 발표 자료가 만들어졌습니다. 영어 프레젠테이션을 원한다면 그대로 두고, 한글로 번역하려면 원하는 문장을 복사해 구글 번역기로 번역한 후 번역 결과를 붙여 넣습니다.

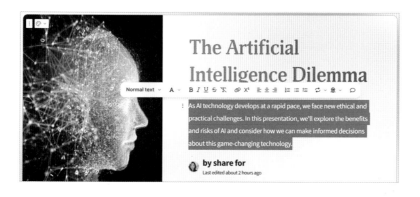

06 붙여 넣은 번역 결과 문장을 자신의 프레젠테이션 방향에 맞게 수정합니다.

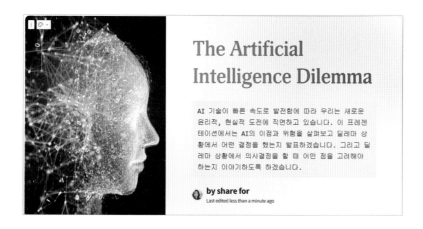

07 같은 방법으로 생성된 프레젠테이션의 각 페이지를 구글 번역기의 도움을 받거나 스스로 번역하면서 그대로 사용하거나 필요한 부분은 수정해갑니다.

08 윤리적 딜레마 상황에 대한 자신이 선택한 결과를 보여주기 위해 생성된 이미지는 이미지 상단에 있는 [Delete] 버튼을 눌러 삭제합니다.

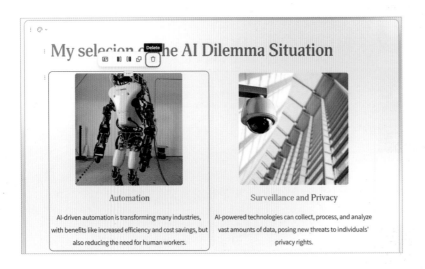

09 제목만 남기고 깨끗해진 페이지에서 [Image upload or URL] 버튼을 클릭합니다.

10 삭제한 이미지 대신 Moral Machine에서 자신이 선택한 윤리적 가치 결과 페이지를 캡처한 이미지를 업로드합니다.

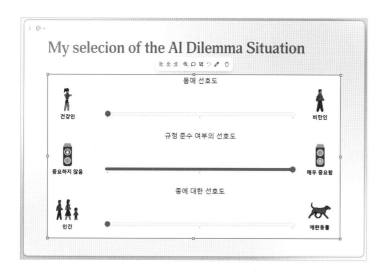

11 해당 페이지를 복사하고 싶다면 페이지 제목 위 왼쪽에 있는 ⠿ 버튼을 누른 뒤 [Duplicate card]를 선택합니다.

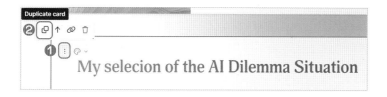

12 같은 방법으로 자신의 윤리적 선택 결과를 페이지로 만듭니다.

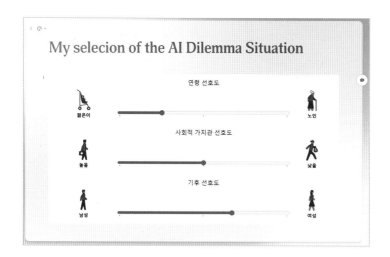

13 윤리적 딜레마 상황에서 고려해야 할 다양한 관점 페이지에서도 사용할 이미지는 남기고 불필요한 이미지는 삭제합니다.

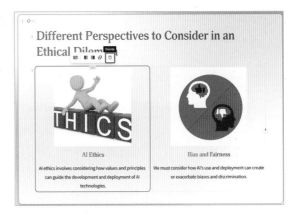

14 이미지를 클릭하면 원하는 웹 이미지를 검색해 손쉽게 바꿔줄 수 있습니다.

15 Bard와의 대화를 통해 알게 된 점도 프레젠테이션에 입력해 완성합니다.

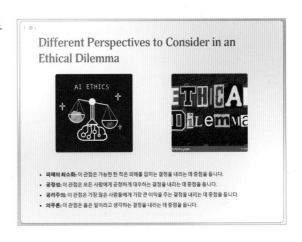

Gamma 사이트에서 생성해준 프레젠테이션을 그대로 사용해도 되지만 자신이 만들고자 하는 프레젠테이션에 맞게 수정할 수 있습니다. 이때 Moral Machine에서 자신이 선택했던 윤리적 가치에 대한 결과, Bard와의 대화를 통해 정리했던 내용들이 포함된다면 자기 생각이 더욱 잘 드러난 프레젠테이션을 완성할 수 있습니다. 생성형 AI의 도움을 받아 프레젠테이션을 만들되, 자기 생각이 잘 드러나는 산출물이 될 수 있도록 합니다.

생성형 AI가 알려준 내용을 그대로 사용해도 될까요?

👤 **Bard가 알려준 내용을 전적으로 신뢰해도 될까요?**

✦ 아니요, 제가 제공한 정보를 전적으로 신뢰해서는 안 됩니다. 저는 아직 개발 중이며 항상 배우고 발전하고 있습니다. 때때로 실수하거나 잘못된 정보를 제공할 수 있습니다.

저는 항상 정확성을 위해 최선을 다하고 있지만, 항상 완벽하지는 않습니다. 내가 제공한 정보의 정확성에 대해 의심이 가는 경우 항상 다른 출처를 확인하는 것이 좋습니다. 또한 다른 사람들과 상의하여 다른 관점을 얻을 수도 있습니다.

👤 **Gamma를 활용해 프레젠테이션을 만들었어요. 수정 없이 그대로 과제로 제출해도 될까요?**

✦ 아니요, Gamma의 프레젠테이션을 수정하지 않고 과제로 제출해서는 안 됩니다. 이것은 학업적 부정행위이며 귀하의 성적에 부정적인 영향을 미칠 수 있습니다.

과제를 제출하기 전에 자신의 생각과 아이디어로 프레젠테이션을 수정해야 합니다. 또한 출처를 인용하여 자신의 작업에서 사용한 모든 외부 자료에 대해 인정해야 합니다.

과제에 어려움을 겪고 있다면 주위에 도움을 요청하십시오. 그들은 당신이 궤도를 유지하고 자신의 작업을 완성하도록 도울 수 있습니다.

7			Bard를 활용해 AI 딜레마 토론 자료 만들기										
관련 교과	시간	관련 학습 요소	컴퓨팅 사고력						인공지능				
			자료 수집	자료 분석	자료 표현	문제 분해	추상화	알고 리즘 (절차)	인식	표현/ 추론	학습	상호 작용	사회적 영향
윤리·사회	2차시		V	V	V				V	V	V	V	V

학습 주제	Bard를 활용해 AI 딜레마 토론 자료 만들기
성취 기준	[9도03-07] 현대 과학기술과 관련된 윤리적 쟁점의 분석을 통해 과학기술의 유용성과 한계를 인식하고, 과학기술의 바람직한 활용에 관한 관심과 책임 의식을 기른다. [12현윤03-03] 윤리적인 인공지능을 위하여 인간과 인공지능의 관계를 설명하고, 인공지능으로 인해 발생하는 윤리 문제의 해결 방안을 인공지능 윤리의 관점에서 제시할 수 있다. [12윤탐03-03] 인공지능 활용 시 발생할 수 있는 윤리적 딜레마에 대해 토의하고, 인공지능의 바람직한 활용 방안을 제시할 수 있다.
학습 도구	컴퓨터 또는 태블릿, Bard, Moral Machine, Gamma

	교수-학습 활동 요약
동기 유발	• 윤리적 딜레마 상황에서 나는 어떤 선택을 할 수 있을지 영상을 보고 생각해보기 　– 소프트웨어야 놀자 영상 시청하기: [https://www.youtube.com/watch?v=rABDGSJm8tg]
학습 활동	[학습 목표] Bard를 활용해 AI 딜레마 토론 자료 만들기 • [활동 1] Bard와 Gamma 활용 방법 알아보기 　– Bard를 활용하기 위한 준비 활동을 해봅시다. [https://bard.google.com/] 　– 구글 계정이 있다면 로그인 후 바로 사용이 가능하며 구글 계정이 없을 경우 계정을 만들어야 하므로 절차에 따라 구글 계정을 만들어봅시다. 　– Gamma를 활용하기 위한 준비 활동을 해봅시다. [https://gamma.app/] 　– 구글 계정을 활용해 Gamma에 회원 가입을 해봅시다. • [활동 2] Moral Machine과 Bard를 활용해 AI의 윤리적 딜레마 상황 파악하고 가치 판단하기 　– Moral Machine에 접속해 각 상황에서 윤리적 가치 판단을 실시해봅시다. 　– 13단계 선택을 모두 완료하면 결과 화면을 보면서 자신이 어떤 윤리적 가치를 더 중요하게 생각하는지 확인해봅시다. 　– Bard에 접속해 자신의 결정에 대한 고민을 질문하며 대화를 이어갑니다. 　– 윤리적 딜레마 상황에서 어떤 선택을 해야 할 때 고려해야 할 다양한 관점 등에 대해 질문합니다. • [활동 3] 인공지능 PPT 플랫폼 Gamma로 토론 자료 만들기 　– Gamma에 접속해 프레젠테이션을 선택하고 만들고 싶은 프레젠테이션에 대한 정보를 프롬프트에 입력합니다. 　– Gamma가 생성해준 프레젠테이션 초안 자료에 나의 생각을 더해 토론 자료를 완성합니다. 　– 완성한 자료를 발표합니다.
학습 정리	오늘 배운 내용 정리하기
평가	[자기 평가] Bard를 활용해 AI의 윤리적 딜레마 상황에 대한 나의 가치 판단 결과를 정리하고 의사결정 과정에 고려해야 할 점을 정리해 토론 자료를 만들 수 있는지 스스로 평가하기

8장

Bard를 활용해
공익광고 영어 포스터 만들기

PicFinder 활용 수업을 준비해요
빅카인즈를 ChatGPT에 활용해요

인공지능과의 공존과 협업의 중요성이 무엇보다 커지고 있는 지금 이 시대에 우리 인간에게 필요하다고 여겨지는 역량은 과연 무엇일까요? 또한 미래 세대에는 어떤 교육이 필요할까요?

OECD가 제시한 2030년 미래 교육 혁신 모델의 핵심을 살펴보면 '능동적 학습과 자기 주도성'이 미래 사회에 그 무엇보다 필요함을 강조하고 있습니다. 불확실성이 커지는 미래 사회에는 인간이 직면할 문제에 대한 명확한 해답을 제시해주는 것이 사실상 불가능하기 때문입니다. 따라서 주체성과 자기 주도성을 바탕으로 스스로 문제를 해결하는 능력을 키워주어야 합니다.

특히 코로나 19를 거치면서 온라인 교육이 일상화되었고, 온라인 교육에서 자기 주도성은 학습의 성공 여부를 결정하는 핵심 역량으로 부상하였습니다. 교육의 주체가 교수자에서 학습자 중심으로 이동한 것입니다. 온라인 교육 상황에서의 학습자는 교수 및 학습 활동의 수행자로서 스스로 자기 주도적 학습활동과 생활을 관리해야 하며 기술적 문제 역시 해결할 수 있어야 합니다. 또한 학습이 효율적으로 일어날 수 있는 다양한 방법을 모색하고 적절한 도구를 활용해 지속성이 커질 수 있도록 해야 합니다.

자기 주도성을 가진 학습자로 성장하기 위해 ChatGPT 또는 Bard를 활용해보면 어떨까요? 예를 들어, 학생들이 영어 공부를 하거나 영어를 활용한 산출물을 만들 때 자신이 작성한 영어 문장이 문법적으로 올바른지를 ChatGPT, Bard와 같은 인공지능의 도움을 받아 학습에 활용할 수 있습니다. 또한 작성한 영어 문장과 어울리는 이미지도 인공지능의 도움을 받아 만들어낼 수 있습니다.

이번 장에서는 자신이 만들고 싶은 공익광고 영어 포스터를 구상하고, Bard와 대화를 통해 포스터에 어울리는 영어 문장을 만든 후 문법적으로 이상이 없는지 확인하는 방법을 배워보겠습니다. 또한 이렇게 만든 자료를 바탕으로 어울리는 이미지를 인공지능의 도움으로 생성해 공익광고 영어 포스터를 완성해보겠습니다.

출처: 미드저니

PicFinder 활용 수업을 준비해요

다음으로 인공지능이 이미지를 만들어주는 사이트인 PicFinder에 대해 알아봅니다. 회원 가입 없이 500장의 무료 이미지를 생성할 수 있으며 이후 유료 회원으로 가입하여 서비스를 계속 사용할 수 있습니다.

01 https://picfinder.ai/에 접속합니다. 화면 가운데 보이는 프롬프트에 원하는 이미지를 입력합니다. 예시로 "artificial intelligence robot friend" 라고 입력했습니다.

02 인공지능 로봇 친구 이미지가 생성되었습니다.

03 상단 화면 오른쪽 [Settings]를 클릭하면 이미지의 크기를 조절할 수 있습니다. 원하는 크기를 선택합니다.

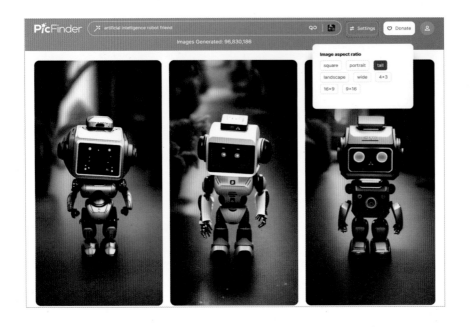

04 마음에 드는 이미지에 마우스 커서를 가져가면 이미지 하단 오른쪽에 다운로드할 수 있는 버튼(⬇)이 보입니다. 다운로드하면 내 컴퓨터 다운로드 폴더에서 이미지를 찾을 수 있습니다.

※프롬프트에 이미지를 요청할 때 1장의 이미지만 생성하는 것이 아니라 수십 장의 이미지를 생성하므로 500장의 이미지를 무료로 생성해준다고 하더라도 금방 500장이 소진될 수 있음을 기억하세요.

빅카인즈를 ChatGPT에 활용해요

자료 수집을 위해 빅카인즈 사이트에 접속해요

빅카인즈(BIG Kinds) 사이트는 종합 일간지, 경제지, 지역일간지, 방송사 등을 포함한 국내 최대의 기사 데이터베이스에 빅데이터 분석 기술을 접목하여 뉴스 분석 서비스를 제공합니다. 이 사이트를 이용하면 공익광고를 만들기 위한 다양한 주제를 탐색하기 용이하고 이와 관련한 정보를 얻을 수 있습니다. 인터넷 주소창에 [https://www.bigkinds.or.kr/]를 입력합니다.

01 메인 페이지에서 왼쪽 상단의 [뉴스분석] ⇒ [뉴스검색·분석]을 클릭합니다.

02 "스쿨존 어린이 교통사고"를 키워드로 입력해 검색 결과를 확인할 수 있습니다. 총 604건의 뉴스가 검색되는데 그중 관심 있는 헤드라인의 뉴스 기사를 읽습니다.

03 검색 결과 아래로 가면 분석 결과 및 시각화 결과를 확인할 수 있습니다. 관계도 분석, 키워드 트렌드, 연관어 분석 등은 회원 가입 후 확인할 수 있습니다.

04 회원 가입 후 관련 뉴스 기사 분석 결과를 확인합니다. 검색 결과 중 정확도 상위 100건의 분석 뉴스에서 추출된 개체명(인물, 장소, 기관, 키워드) 사이의 연결 관계를 네트워크 형태로 시각화한 관계도 분석 결과를 확인할 수 있습니다.

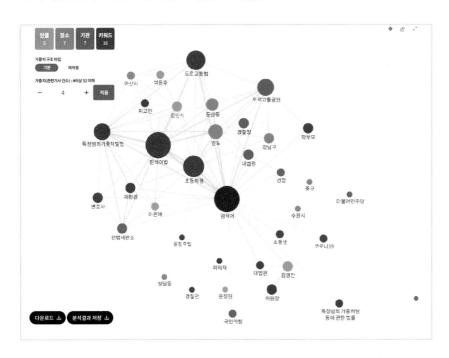

05 검색 결과 중 분석 뉴스와 연관성(가중치, 키워드 빈도수)이 높은 키워드를 시각화하여 보여주는 서비스인 연관어 분석 결과입니다. "음주운전", "민식이법" 등이 연관성이 높은 키워드임을 알 수 있습니다.

06 스쿨존 어린이 교통사고 검색어 옆에 "음주운전"을 추가로 입력한 뒤 키워드 트렌드 결과를 확인하면 두 키워드 사이에 상관계수를 확인할 수 있습니다. 상관계수 값이 0.6784로 뚜렷한 양적 선형관계임을 알 수 있습니다. 이는 두 키워드의 그래프 값이 동시에 증가하거나 감소하는 비례 관계를 의미합니다.

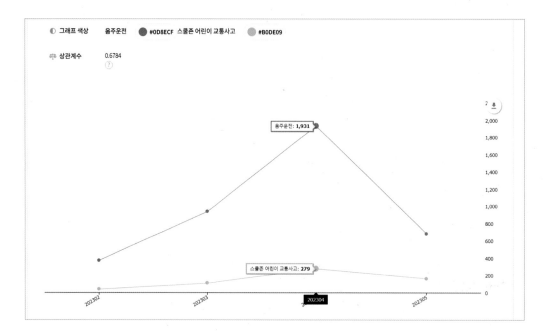

이제 스쿨존 어린이 교통사고에 대한 빅카인즈 사이트에서 얻은 주요 키워드들과 기사 검색 결과를 바탕으로 영어로 공익광고를 만들기 위해 ChatGPT를 활용해보겠습니다.

Bard를 활용해요

빅카인즈 사이트를 이용하여 스쿨존 어린이 교통사고가 민식이법, 음주운전 등과 관련이 있음을 알게 되었습니다. 이를 주제로 Bard를 학습에 활용하는 방법에 대해 살펴보겠습니다.

01 스쿨존 어린이 교통 사고 예방을 위한 공익광고를 만들기 위한 것이므로 스쿨존 어린이 교통사고 예방을 위해 운전자, 보호자, 지역사회, 어린이가 각각 어떤 노력을 해야 하는지 질문합니다.

> 👤 스쿨존 어린이 교통사고를 예방하기 위해서는 운전자, 보호자, 지역사회, 어린이는 각각 어떤 노력이 필요할까요?

✦ 스쿨존 어린이 교통사고를 예방하기 위해 운전자, 보호자, 지역사회, 어린이가 할 수 있는 노력은 다음과 같습니다.

〈운전자〉
- 어린이 보호구역에서는 시속 30km 이하로 서행합니다.
- 횡단보도 앞에서는 일시정지하고 좌우를 살펴서 어린이가 없는지 확인합니다.
- 운전 중 휴대폰을 사용하지 않습니다.
- 음주운전을 하지 않습니다.

〈보호자〉
- 자녀에게 교통안전 수칙을 교육합니다.
- 자녀가 혼자 통학하는 경우 안전하게 통학할 수 있도록 합니다.
- 자녀가 횡단보도를 건널 때는 옆에서 주의 깊게 지도합니다.

〈지역사회〉
- 어린이 보호구역에 과속방지턱, 옐로카펫, 속도제한 표지판 등 안전 시설을 설치합니다.
- 어린이 보호구역 주변에 불법 주정차를 단속합니다.
- 어린이 교통안전에 대한 홍보 활동을 합니다.

〈어린이〉
- 횡단보도를 건널 때는 좌우를 살피고, 건너기 전에 신호등을 확인합니다.
- 어린이 보호구역에서는 뛰어다니지 않습니다.
- 운전자에게 주의 환기를 요청합니다.

이러한 노력이 모여 안전한 스쿨존을 만들고, 어린이들이 안전하게 등하교할 수 있도록 할 수 있습니다.

02 스쿨존 어린이 교통 사고 예방을 위한 공익광고 포스터를 제작한다고 했을 때 포스터 속에 어떤 내용이 들어가면 좋을지 질문합니다.

👤 스쿨존 어린이 사고 예방을 위한 공익광고 포스터를 만들려고 합니다. 어떤 내용이 들어가면 좋을까요?

✦ 스쿨존 어린이 사고 예방을 위한 공익광고 포스터에 들어갈 수 있는 내용은 다음과 같습니다.

- 어린이 보호구역에서는 시속 30km 이하로 서행합니다.
- 횡단보도 앞에서는 일시정지하고 좌우를 살펴서 어린이가 없는지 확인합니다.
- 운전 중 휴대폰을 사용하지 않습니다.
- 음주운전을 하지 않습니다.
- 어린이에게 교통안전 수칙을 교육합니다.
- 어린이가 혼자 통학하는 경우 안전하게 통학할 수 있도록 합니다.
- 어린이 보호구역 주변에 불법 주정차를 단속합니다.
- 어린이 교통안전에 대한 홍보 활동을 합니다.

이러한 내용을 포스터에 시각적으로 효과적으로 표현할 수 있는 방법을 고민해보세요. 사진, 일러스트, 그래픽 등을 활용하여 포스터의 주목도를 높일 수 있습니다. 또한 간결하고 이해하기 쉬운 문구를 사용하여 포스터의 메시지를 전달할 수 있습니다.

스쿨존 어린이 사고 예방을 위한 공익광고 포스터는 어린이의 안전을 지키는 데 큰 도움이 될 수 있습니다. 많은 사람들이 공감할 수 있는 내용과 디자인으로 포스터 제작에 힘써보세요.

03 스쿨존 어린이 교통 사고 예방을 위해 운전자에게 경각심을 공익광고 포스터에 들어갈 광고 문구를 제작해달라고 요청합니다.

👤 스쿨존 어린이 사고 예방을 위한 공익광고 포스터를 만들려고 합니다. 운전자들에게 경각심을 줄 수 있는 광고 문구를 만들어주세요.

✦ 물론입니다. 스쿨존 어린이 사고 예방을 위한 공익광고 포스터에 사용할 수 있는 경각심 문구는 다음과 같습니다.

- 스쿨존에서는 30km 이하로 서행합시다.
- 횡단보도 앞에서는 일시정지하고 좌우를 살펴봅시다.
- 운전 중 휴대폰을 사용하지 말고, 음주운전은 절대 하지 말아 주세요.

- 어린이들은 예측할 수 없습니다. 항상 조심합시다.
- 당신의 작은 배려가 한 생명을 구할 수 있습니다.

04 제시된 광고 문구 중 마음에 드는 문장을 1개 선택해 영어로 작성해달라고 요청합니다.

👤 **"운전 중 휴대폰을 사용하지 말고, 음주운전은 절대 하지 말아 주세요."를 영어로 작성해주세요.**

✦ 물론입니다. "운전 중 휴대폰을 사용하지 말고, 음주운전은 절대 하지 말아 주세요."라는 문구의 영어 번역은 다음과 같습니다.

"Don't use your phone while driving and never drink and drive."

이 문구는 운전자들에게 운전 중 휴대폰 사용과 음주운전의 위험성을 경고하는 것입니다. 운전자들에게 운전 중에는 휴대폰을 사용하지 말고, 음주운전을 하지 말 것을 당부하고 있습니다. 또한 운전자들에게 자기 행동이 다른 사람들의 생명을 위협할 수 있다는 것을 상기시켜 주는 것입니다.

05 영어로 작성된 문장이 문법적 오류가 없는지 확인해달라고 요청합니다.

👤 **"Don't use your phone while driving and never drink and drive." 이 문법적 오류는 없는지 확인해주세요.**

✦ 네, 문법 오류가 없습니다. 문구는 간결하고 명확하며 이해하기 쉽습니다. 운전자들에게 운전 중 휴대폰 사용과 음주운전의 위험성을 경고하는 효과적인 문구입니다.

포스터를 제작할 때는 이 문구를 시각적으로 효과적으로 표현할 수 있는 방법을 고민해보세요. 사진, 일러스트, 그래픽 등을 활용하여 포스터의 주목도를 높일 수 있습니다. 또한 간결하고 이해하기 쉬운 문구를 사용하여 포스터의 메시지를 전달할 수 있습니다.

운전 중 휴대폰 사용과 음주운전의 위험성에 대한 경각심을 높이는 포스터는 많은 사람에게 영향을 미칠 수 있습니다. 많은 사람이 공감할 수 있는 내용과 디자인으로 포스터 제작에 힘써보세요.

06 광고 문구는 간결해야 하므로 한 문장을 둘로 나눠 두 문장이 모두 문법적으로 이상이 없는지 확인해달라고 요청합니다.

👤 "Don't use your phone while driving", "Never drink and drive!" 두 문장이 모두 문법적으로 이상이 없는지 확인해주세요.

> ✦ 네, 두 문장 모두 문법적으로 정확합니다. 두 문장의 요점은 운전자에게 운전 중 휴대폰 사용과 음주 운전을 하지 말라고 경고하는 것입니다. 두 문장 모두 간결하고 명확하며 이해하기 쉽습니다.
>
> 두 문장을 포스터에서 시각적으로 표현하는 방법을 고려해보세요. 사진, 일러스트, 그래픽 등을 활용하여 포스터의 주목도를 높일 수 있습니다. 또한 간결하고 이해하기 쉬운 문구를 사용하여 포스터의 메시지를 전달할 수 있습니다.
>
> 운전 중 휴대폰 사용과 음주운전의 위험에 대한 경각심을 높이는 포스터는 많은 사람들에게 영향을 줍니다. 많은 사람들이 공감할 수 있는 내용과 디자인으로 포스터 제작에 힘써보세요.

이렇듯 Bard는 질문을 바탕으로 스쿨존 어린이 교통사고 예방을 위한 공익광고 포스터에 담으면 좋을 광고 문구를 만들어줍니다. 또한 영어로 번역하고, 문법적으로 이상이 없는지도 확인해줍니다. Bard가 추천해준 공익광고 문구와 PicFinder를 활용해 이미지를 생성하고 공익광고 포스터를 만들어봅시다.

PicFinder를 활용해 공익광고를 만들어요

01 앞서 살펴본 PicFinder 페이지에서 "학교 앞 횡단보도를 건너는 아이들과 차도를 지나가는 자동차를 그려주세요"처럼 이미지를 요청합니다. 이때 이미지 크기는 [portrait]로 정합니다.

02 생성된 이미지 중 포스터에 사용할만한 이미지를 선택해 다운로드한 후 구글 앱에 있는 [Slides]를 선택합니다.

draw_the_children_crossing_the crosswalk in front of the sch

03 새 슬라이드에서 [파일] ⇒ [페이지 설정] 메뉴를 차례대로 선택합니다.

04 페이지 설정에서 [맞춤]을 선택한 뒤 가로의 값을 14, 세로의 값을 20으로 입력한 뒤 [적용]을 누릅니다. 다시 메뉴에서 [삽입] ⇒ [이미지] ⇒ [컴퓨터에서 업로드]를 차례대로 선택합니다.

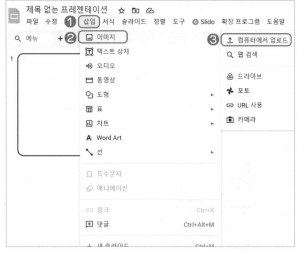

05 이미지가 삽입된 것을 확인한 후 [삽입] ⇒ [텍스트 상자] 메뉴를 선택합니다.

06 Bard를 활용해 만든 영어 광고 문구를 텍스트 상자에 입력하고 글자의 색깔, 크기, 배경 색 등을 눈에 잘 띄게 바꿔줍니다.

07 스쿨존 어린이 교통사고 예방 공익광고 포스터를 완성하였습니다. 완성한 포스터의 이름을 "스쿨존 어린이 교통사고 예방 영어 공익 광고"로 저장하고 상단 오른쪽에 있는 **[공유]** 버튼을 누릅니다. Bard와 PicFinder를 활용해 완성한 포스터를 다른 사람과 공유하거나 작품 전시회를 열 수 있습니다.

PicFinder를 활용하면 공익광고 포스터에 들어갈 이미지를 생성해 파일로 다운로드할 수 있습니다. 이렇게 완성한 이미지를 구글 프레젠테이션에 업로드한 뒤 Bard와의 대화를 통해 만든 영어 광고 문구를 삽입해 그럴싸한 포스터를 완성했습니다. 만들어진 공익광고가 완벽하지는 않지만, 원하는 메시지를 전달해내는 포스터 제작에 인공지능의 도움을 받을 수 있음을 확인하였습니다.

공익광고 포스터를 만들 때 가능한 주제는 어떤 것이 있을까요?

👤 공익광고 포스터를 만들고 싶어요. 어떤 주제를 다루면 사람들에게 도움이 될까요?

✦ 사람들이 혜택을 받을 수 있는 공익광고 포스터 주제의 몇 가지 아이디어는 다음과 같습니다.

- 환경 보호: 지구를 보호하고 기후 변화를 완화하는 방법에 대한 포스터
- 동물 보호: 동물을 학대와 착취로부터 보호하는 방법에 대한 포스터
- 빈곤 퇴치: 빈곤층에게 교육, 의료 및 기타 자원에 대한 접근을 제공하는 방법에 대한 포스터
- 질병 예방: 질병을 예방하고 치료하는 방법에 대한 포스터
- 평화와 이해 증진: 다른 문화와 배경에 대해 배우고 갈등을 해결하는 방법에 대한 포스터
- 정의와 평등 촉진: 모든 사람이 동등한 권리와 기회를 가질 수 있도록 하는 방법에 대한 포스터
- 안전 개선: 사람들이 위험으로부터 자신을 보호하는 방법에 대한 포스터
- 교육 증진: 사람들이 교육을 받고 지식을 넓힐 수 있도록 하는 방법에 대한 포스터
- 예술과 문화 지원: 창의적으로 표현하고 자신의 문화를 축하하는 방법에 대한 포스터

이러한 주제 중 하나를 선택하거나 자신만의 주제를 선택할 수 있습니다.

👤 지금 알려준 아이디어를 범주화해서 표로 만들어주세요.

✦ 네, 여기 공익 광고 포스터의 몇 가지 아이디어를 범주화한 표가 있습니다.

카테고리	주제
환경	오염 방지, 기후 변화 완화, 에너지 절약, 숲 보호, 해양 보호
동물	동물 학대 방지, 야생 동물 서식지 보존, 동물 실험 반대
빈곤	빈곤층 지원, 기아 퇴치, 교육 및 의료 제공
질병	질병 예방, 질병 치료, 건강한 생활 습관 장려
평화	갈등 해결, 폭력 종식, 평화 증진
정의와 평등	모든 사람의 동등한 권리, 모든 사람을 위한 기회의 평등, 차별 철폐
안전	교통 안전, 범죄 예방, 재해 대비
교육	교육 기회 제공, 모든 사람을 위한 양질의 교육

8	Bard를 활용한 공익광고 영어 포스터 만들기												
관련 교과	시간	관련 학습 요소	컴퓨팅 사고력						인공지능				
			자료 수집	자료 분석	자료 표현	문제 분해	추상화	알고리즘 (절차)	인식	표현/ 추론	학습	상호 작용	사회적 영향
영어·미술· 국어	2차시		V	V	V				V	V	V	V	V

학습 주제	생성형 AI를 활용해 공익광고 영어 포스터 만들기
성취 기준	[6영02-09] 적절한 매체와 전략을 활용하여 창의적으로 의미를 생성하고 표현한다. [9영02-10] 적절한 전략을 활용하여 상황이나 목적에 맞게 말하거나 쓴다. [9미02-02] 주도적이고 도전적인 태도로 다양한 미술 표현을 실험하고 작품에 적용할 수 있다. [9국06-04] 매체 소통에서의 권리와 책임을 이해하고, 수용자의 반응을 고려하며 매체 자료의 제작 과정을 성찰한다.
학습 도구	컴퓨터 또는 태블릿, 구글 Bard, 빅카인즈, PicFinder

교수–학습 활동 요약

동기 유발	• 공익광고 포스터는 사회에 어떤 역할을 하는지 생각해봅시다.
학습 활동	[학습 목표] 생성형 AI를 활용해 공익광고 영어 포스터 만들기 • **[활동 1]** 공익광고 포스터 주제인 〈스쿨존 어린이 교통사고〉에 대해 뉴스 기사 분석하기 　– 빅카인즈 활용법 익히기 [키워드 입력 – 뉴스 분석 – 뉴스검색/분석] 　　관계도 분석, 키워드 트렌드, 연관어 분석 등 활용 가능 [https://www.bigkinds.or.kr/] 　– 빅카인즈 사이트를 이용하여 스쿨존 어린이 교통사고의 핵심 키워드를 찾아봅시다. 　– 찾은 핵심 키워드를 활용해 스쿨존 어린이 교통사고의 원인이 무엇인지 생각해봅시다. • **[활동 2]** Bard를 통해 스쿨존 어린이 교통사고 예방 포스터에 들어갈 광고 문구 물어보기 　– 스쿨존 어린이 사고 예방을 위해 운전자, 지역사회, 어린이 등이 어떤 노력을 해야 하는지 알아봅시다. 　– 스쿨존 어린이 사고 예방을 위한 공익광고 포스터에 들어갈 광고 문구를 요청합니다. 　– 제안된 여러 광고 문구 중 적절한 것을 선택해 영어로 번역해달라고 요청합니다. 　– 영어로 번역된 문장에 문법적 오류가 없는지 확인합니다. • **[활동 3]** PicFinder로 공익광고 포스터에 들어갈 이미지 만들기 　– PicFinder 사이트 사용방법에 대해 익히기 [https://picfinder.ai/] 　– 스쿨존 어린이 교통사고 예방 포스터에 들어갈 이미지를 요청한 후 생성된 이미지 중 제일 마음에 드는 이미지를 파일로 다운로드하기 • **[활동4]** 구글 프레젠테이션으로 공익광고 포스터 완성하기 　– 구글 프레젠테이션에 포스터에 들어갈 이미지 삽입 및 Bard로 만든 광고 문구 넣어서 포스터 완성하기
학습 정리	오늘 배운 내용 정리하기
평가	[자기 평가] Bard와 PicFinder를 활용해 스쿨존 어린이 교통 사고 예방 공익광고 영어 포스터를 완성할 수 있는지 스스로 평가하기

9장

스프레드시트와 ChatGPT의 만남

구글 스프레드시트 활용 학습을 준비해요
ChatGPT의 API 키를 시트에 연동해요
다양한 기능을 가진 스프레드시트를 만들어보아요

엑셀(Excel)은 마이크로소프트(Microsoft)에서 개발한 스프레드시트 프로그램입니다. 스프레드시트란 표 형식으로 데이터를 정리하고 분석하는 데 사용되는 도구입니다. 엑셀은 주로 비즈니스, 금융, 회계, 통계 등 다양한 분야에서 데이터를 처리하고 시각화하는 데 사용됩니다.

사용자가 셀(cell)이라고 불리는 표의 각 칸에 데이터를 입력하고, 이 데이터를 계산, 정렬, 필터링, 차트 그리기 등 다양한 작업을 수행할 수 있도록 해줍니다. 또한, 수식을 이용하여 데이터를 계산하거나 조건에 따라 데이터를 처리하는 기능도 제공합니다.

엑셀은 데이터의 저장, 가공, 분석, 시각화 등 다양한 작업을 효율적으로 수행할 수 있어서 많은 사람이 업무나 개인적인 목적으로 사용하고 있습니다. 또한, 엑셀은 매크로라는 기능을 통해 자동화 작업을 할 수도 있어서 작업의 효율성을 높일 수 있습니다. 이러한 특징을 가진 엑셀은 현대 사회에서 매우 중요한 역할을 수행하고 있습니다.

이러한 엑셀과 거의 유사하게 웹 브라우저를 통해 접근할 수 있는 프로그램이 있습니다. 바로 구글 스프레드시트입니다. 구글 스프레드시트는 사용자가 데이터를 입력하고 저장할 수 있는 기본적인 스프레드시트 기능을 갖추고 있습니다. 사용자는 행과 열로 이루어진 표 형태의 시트를 생성하고, 각 셀에 데이터를 입력하여 관리할 수 있습니다. 이를 통해 데이터를 구조화하고 필요한 계산, 정렬, 필터링, 그래프 그리기 등 다양한 작업을 수행할 수 있습니다. 구글 스프레드시트는 여러 사용자가 동시에 작업할 수 있는 협업 기능을 제공합니다. 여러 사람이 동시에 같은 문서에 접근하여 함께 작업하고 변경 내용을 실시간으로 확인하거나 의견을 공유하고 수정 이력을 추적할 수 있습니다. 구글 스프레드시트는 구글 드라이브에 저장되므로 인터넷에 연결된 어떠한 장치에서도 접근할 수 있습니다. 또한, 구글 스크립트라는 자체 스크립트 언어를 사용하여 사용자 정의 기능을 추가하고 자동화 작업을 수행할 수도 있습니다.

이번 장에서는 ChatGPT를 구글 스프레드시트와 연동하는 법과 연동했을 때 어떠한 활동이 가능한지 살펴보겠습니다.

출처: 미드저니

구글 스프레드시트 활용 학습을 준비해요

구글 스프레드시트는 크롬, 엣지 등의 브라우저에서 굉장히 손쉽게 접속할 수 있습니다. 구글 계정과 연동하여 문서를 쉽게 생성할 수 있고 이는 구글 드라이브에 저장됩니다. 또한 작업하고 있는 스프레드시트를 공유 기능을 통해 다른 사람과 손쉽게 공유할 수도 있습니다. 아래 순서에 따라 구글 스프레드시트를 활용하기 위한 준비를 해봅시다.

01 구글 검색창에 "구글 스프레드시트"라고 입력합니다.

02 검색 결과에 나오는 [Google Sheets: 로그인]을 클릭합니다.

03 구글 계정으로 로그인합니다.

04 별도의 프로그램 설치 없이 웹 화면에 바로 스프레드시트가 나타나는 것을 볼 수 있습니다.

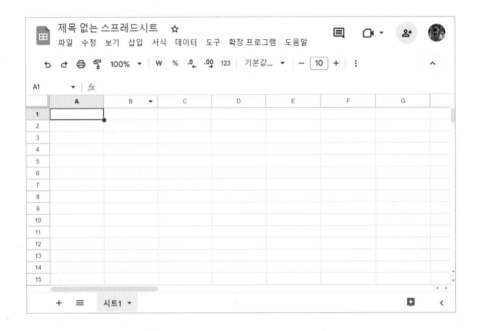

05 엑셀과 ChatGPT를 연동하기 위하여 확장 프로그램을 설치해야 합니다. 상단의 메뉴 중에서 [확장 프로그램] ⇒ [부가기능] ⇒ [부가기능 설치하기] 메뉴를 차례대로 누릅니다.

06 구글 워크스페이스 마켓의 검색창에 "GPT for Sheets"를 입력하면 해당 앱의 이름이 자동 완성되어 검색할 수 있습니다. 해당 앱을 클릭합니다.

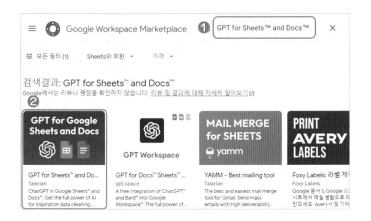

07 [설치] 버튼을 눌러 설치합니다. 여기까지 진행하면 구글 스프레드시트에서의 준비는 끝납니다.

ChatGPT의 API 키를 시트에 연동해요

API 키(API Key)는 응용 프로그램 인터페이스(Application Programming Interface, API)를 사용하여 다른 소프트웨어와 상호 작용할 때 인증 및 권한 부여를 위해 사용되는 보안 토큰입니다. API는 서로 다른 시스템이나 응용 프로그램 간에 데이터를 교환하고 상호 작용하기 위한 방법을 제공합니다. 예를 들어, 어떤 서비스의 API를 사용하여 데이터를 요청하거나, 다른 애플리케이션에 데이터를 제공하거나 기능을 호출할 수 있습니다. 기본적으로 유료 서비스이기 때문에 카드 등을 통한 지출 방법을 등록해야 쓸 수 있다는 점이 아쉽지만, 활용도가 높으므로 소개합니다. 아래의 순서에 따라 ChatGPT의 API 키를 확인하고 이를 바탕으로 구글 스프레드시트와 상호작용하는 방법에 대해 알아봅시다.

01 오픈AI(https://openai.com) 사이트에 접속한 뒤 오른쪽 상단에 있는 [Log in] 버튼을 클릭합니다.

02 본인의 구글 계정을 통해 로그인하면 나타나는 화면입니다. [API] 메뉴를 클릭합니다.

03 처음 나타나는 페이지에서 오른쪽 상단의 [Upgrade] 버튼을 클릭합니다.

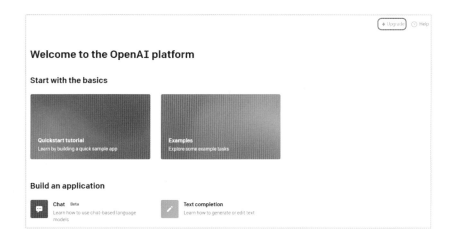

04 ChatGPT의 API 키를 활용하여 스프레드시트와 연동할 때는, 처음에 약 $18의 무료 크레딧이 증정되지만 이를 쓰기 위해서는 기본적으로 지출 방법에 대해 설정해두어야 사용할 수 있습니다. [Set up paid account] 버튼을 클릭합니다.

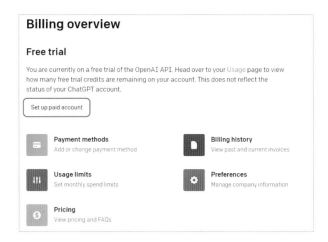

05 개인/회사 등 목적에 맞게 클릭합니다.

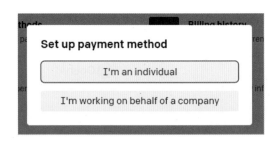

06 카드 정보를 입력하여 결제 신청을 합니다. 카드 정보를 쓰더라도 $18의 무료 크레딧이 있으므로 바로 금액을 결제하여 사용하게 되는 것은 아닙니다. 차후 Billing Overview 메뉴에서 [Cancel for paid] 를 눌러서 결제 취소가 가능합니다.

07 이제 API 키를 엑셀 시트와 연동해보겠습니다. 접속 후 나오는 페이지에서 오른쪽 상단 의 Personal 아이콘을 클릭합니다.

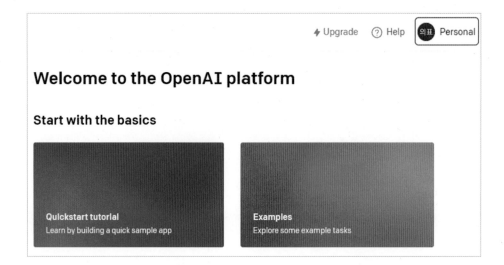

08 [Personal] 메뉴를 누르면 나오는 메뉴 중 [View API Keys]를 클릭합니다.

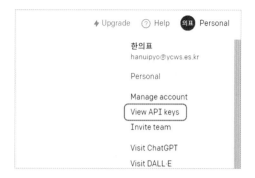

09 API Keys 페이지가 나타납니다. 키 Name은 아무 이름이나 설정하고, [+ Create secret key] 버튼을 눌러주면 됩니다.

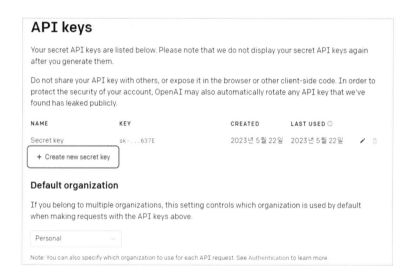

10 키 생성이 완료되었습니다. 중요한 점은, 다시는 이 키를 홈페이지 내에서 확인할 수 없다는 것입니다. 반드시 해당 키를 메모장 등에 복사하여 보관합니다.

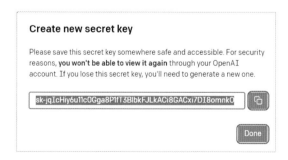

11 [확장 프로그램 메뉴에서 앞서 추가해둔 기능인 [GPT for Sheets™ and Docs™] ⇒ [Set API key] 메뉴를 차례대로 클릭합니다.

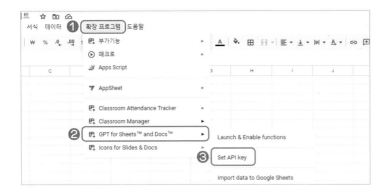

12 [Set API Key]라는 메뉴가 나타납니다. Enter your OpenAI API key 칸에 앞서 준비해 둔 API Key를 붙여 넣고 [Save API key] 버튼을 클릭합니다.

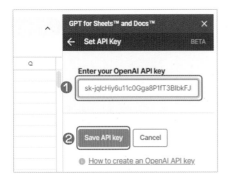

13 GPT for Sheets and Docs를 통하여 연동이 완료된 모습입니다. 다양한 메뉴 중 특히 [List of GPT functions]를 클릭하면 사용 가능한 다양한 함수의 리스트가 나타납니다.

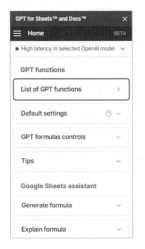 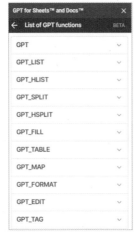

14 GPT 함수를 클릭해보면 아래에 함수를 어떻게 써야 하는지 Example(예시)이 나타납니다. GPT 함수는 ChatGPT에게 질문을 던지는 함수입니다.

15 GPT 함수를 적용하여 질문한 결과입니다. '=GPT'라는 함수를 이용해 시트에 질문을 던지면 ChatGPT에서 나타나는 결과가 바로 엑셀 시트로 나타나는 것을 확인할 수 있습니다.

다양한 기능을 가진 스프레드시트를 만들어보아요

GPT for Sheets and Docs의 함수 중 주요 함수들을 살펴보면 다음과 같은 기능을 가지고 있습니다. 물론 이 외에도 다양한 함수가 있으니 살펴보기를 바랍니다.

함수 명칭	기능
GPT	가장 기본적인 함수로, 해당 셀에 결과를 나타냄
GPT_LIST	사용자가 설정한 조건에 맞게 결과를 열로 출력함
GPT_FILL	사용자가 지정한 샘플에 맞게 포맷 통일하기
GPT_CODE	프로그래밍 언어로 코드를 작성해 줌
GPT_EDIT	작성되어 있는 글에 조건을 설정하여 다른 형식으로 수정함
GPT_TAG	문장에서 특정 태그를 바탕으로 단어를 출력할 수 있음
GPT_CLASSIFY	주어진 분류에 따라 속성을 분류해 낼 수 있음
GPT_EXTRACT	작성한 글에서 이메일, 번호 등 특정 부분을 뽑아낼 수 있음
GPT_SUMMARIZE	작성된 장문의 글을 간단히 요약할 수 있음

본문에서는 위의 함수 중 일부 함수를 사용하여 다음과 같은 기능을 하는 구글 스프레드시트를 만들어보고자 합니다.

한국어와 영어를 손쉽게 번역해주는 스프레드시트 만들어보기

단계1 _ 사용 함수 1: GPT("질문하기")

먼저 GPT 함수를 활용하면 ChatGPT 사이트에서 주고받아야 하는 대화의 내용을 손쉽게 구글 스프레드시트에 정리할 수 있습니다. 또한 GPT_TRANSLATE 함수를 활용하면 기존의 ChatGPT에서는 별도의 번역기 또는 ChatGPT에게 영어로 질문을 바꿔달라고 하여 물어봐야 하는 과정을 굉장히 짧고 쉬운 과정으로 줄여줍니다.

01 첫 번째 방법은 위의 "질문하기" 부분에 내가 궁금한 점을 작성하는 방법입니다. GPT의 답이 바로 질문한 셀에 작성됩니다.

```
=GPT("대한민국의 위도와 경도를 설명해주세요.")
```

B	▼

대한민국의 위도는 37도로, 경도는 127도로 알려져 있습니다.

02 두 번째 방법은 질문 칸에 그냥 문자를, 정답 칸에 함수를 사용하여 질문과 정답의 셀을 구분하는 것입니다. "B6"는 질문이 적힌 셀의 위치를 말합니다.

C6	▼	*fx*	=GPT(B6)

	B	C
1		
2		
3		
4		
5	질문을 입력하세요.	정답
6	독도는 어느 나라의 영토야?	대한민국의 영토입니다.
7		

03 셀 번호는 번역할 한국어가 들어 있는 위치입니다. 앞의 "english" 자리가 목표가 되는 언어이며, 뒤의 "korean"의 자리가 현재 작성된 언어입니다. "B3"의 한국어 내용을 참고하여 자동으로 한국어를 영어로 바꿔주는 것을 확인할 수 있습니다.

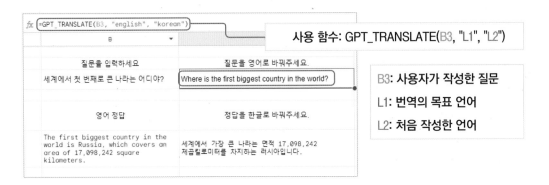

04 영어로 ChatGPT에게 질문을 했기 때문에 영어로 답변받은 것을 확인할 수 있습니다. "C3"의 질문에 대한 답이 GPT 함수를 통하여 "B6" 에 나타납니다.

05 "B6"의 영어 정답을 바탕으로 GPT_TRANSLATE 함수를 통해 한글로 다시 바꾸어봤습니다. 이렇게 한국과 영어를 자유롭게 번역할 수 있습니다.

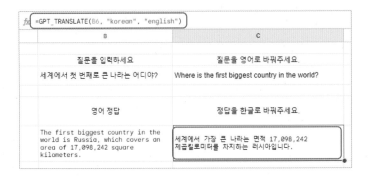

이렇게 GPT, GPT_TRANSLATE를 활용하면 한국어와 영어를 오가는 번역 과정을 쉽게 할 수 있으므로 외국어 교육에 손쉽게 활용할 수 있습니다.

정해준 조건에 맞게 자료를 나열해주는 스프레드시트 만들어보기

기본적으로 스프레드시트는 데이터를 표의 형태로 조직하여 분석 또는 저장 등을 쉽게 할 수 있도록 도와주는 프로그램입니다. 따라서 ChatGPT에게 결과를 나열해서 표시해야 할 질문을 할 경우에는 굉장히 손쉽게 이를 스프레드시트로 나타낼 수 있습니다. 이번에 활용할 함수는 다음과 같습니다.

> **사용 함수: GPT_LIST("질문")**

01 앞의 함수 사용법대로 단순한 질문을 입력하면 순서대로 적당한 순번까지 ChatGPT가 응답합니다. 인구수가 많은 나라를 순서대로 나열해달라고 요청한 결과입니다.

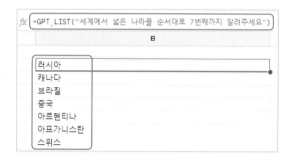

02 이번에는 세계에서 가장 넓은 나라를 나열할 때, 7번째까지 알려달라는 조건을 넣어봤습니다. 잘 검색되는 것을 확인할 수 있습니다.

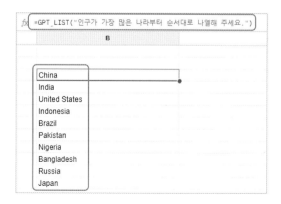

03 하지만 중요한 점은, 항상 올바른 결과를 보여주지 않는다는 것입니다. 다음 결과처럼 잘 못된 응답을 할 수 있으니 항상 결과를 확인해야 합니다. 참고로 1위는 양평군이 맞습니다.

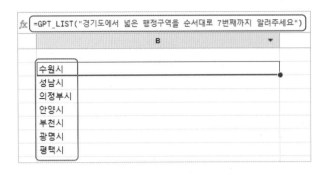

이렇게 특정 과목에서 조사하여 나열해야 하는 학습을 할 경우, GPT_LIST 함수를 활용하여 스프레드시트에 손쉽게 결과를 출력할 수 있습니다. 단, ChatGPT와 마찬가지로 항상 그 결과가 옳은지는 학습자가 스스로 확인해 봐야할 것입니다.

문장을 교정해주는 스프레드시트 만들기

다음은 문장 교정을 도와주는 스프레드시트를 만들어보겠습니다. 함수에서 앞의 '문장 셀 번호'에는 문장이 입력된 셀의 번호를 입력하면 됩니다. 다음에는 '조건 셀 번호'라는 항목이 있는데, "맞춤법만 교정해줘", "문장을 더 풍성하게 꾸며줘"와 같은 조건을 의미합니다.

> 사용 함수: GPT_EDIT(문장 셀 번호, 조건 셀 번호)

01 입력 문장은 '하늘이말고푸르다'입니다. 이를 맞춤법이 틀린 부분을 고쳐달라는 조건을 걸고 GPT_EDIT 함수를 활용했더니 '하늘이 맑고 푸르다'로 고쳐주었습니다.

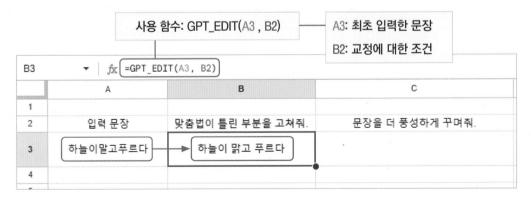

02 이번에는 일차적으로 맞춤법을 수정한 문장인 '하늘이 맑고 푸르다'에 대하여 풍성하게 꾸며달라는 조건을 걸고 작성해보았습니다.

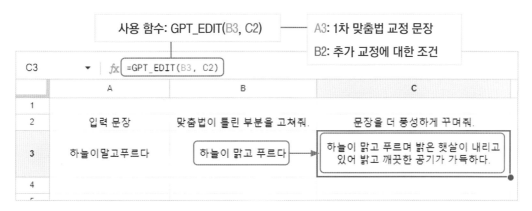

03 당연하게도 영어 문장도 문법에 맞게 고쳐줍니다. 사실 영어를 한국어보다 훨씬 정교하게 교정해줍니다.

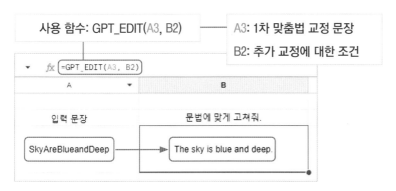

위와 같이 문장을 교정하는 데 ChatGPT와 엑셀을 섞어서 사용하면 맞춤법과 내용에 대한 교정을 손쉽고 일목요연하게 정리할 수 있습니다. 글의 초고를 쓰는 과정 또는 내용을 보충하는 과정에서의 GPT_EDIT 함수의 활용은 많은 글을 교정하는 데 충분한 도움을 줄 것입니다.

요구한 조건에 따라 코드를 짜주는 스프레드시트 만들기

마지막으로 활용해볼 함수는 바로 GPT_CODE 함수입니다. 이름에서 알 수 있듯이 사용자가 질문할 내용을 각 프로그래밍 언어에 맞게 코드로 변환해주는 함수입니다. GPT에서 다양한 언어로 코드를 짤 경우 질문에 대한 답변이 순차적으로 정리되기 때문에 일목요연하게 볼 수 없지만, GPT_CODE 함수를 구글 스프레드시트와 혼합하여 사용할 경우 다양한 언어에 따른 코드의 구성을 한눈에 살펴볼 수 있습니다.

다음 내용을 살펴보면, A열에는 사용자가 작성하기를 원하는 코드에 대해 간단히 작성되어 있습니다. 예를 들어 셀 A2에는 '1부터 100까지 더하는 코드를 작성해주세요'라는 조건이 적혀 있습니다. 그리고 셀 D1에는 'Python'이라는 프로그래밍 언어의 한 종류가 있습니다. 이렇게 각 셀의 위치에 필요한 내용을 작성한 뒤, GPT_CODE 함수를 사용한 것입니다. 입력한 함수는 다음과 같습니다.

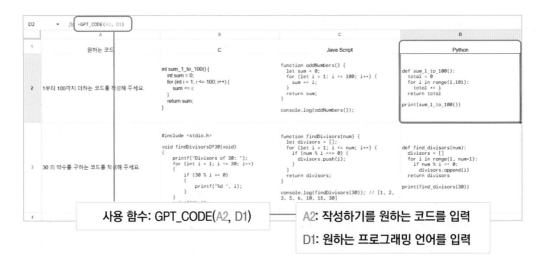

따라서 위의 A2, A3 셀의 내용을 각각 C, Javascript, Python 등의 언어로 코드를 작성한 결과가 위 스프레드시트처럼 나타납니다.

오늘날 우리가 배우는 프로그래밍 언어는 굉장히 다양합니다. 또한 이렇게 다양한 프로그래밍 언어에 대한 이해는 프로그래머 등 해당 진로를 꿈꾸는 사람들에게 반드시 요구되는 능력입니다. 따라서 GPT_CODE를 활용하여 다양한 프로그래밍 언어를 자유자재로 변환하며 학습에 활용한다면 코딩 언어 학습에 큰 도움이 될 것입니다.

GPT for Sheets and Docs 플러그인에는 위에서 소개한 함수들 외에도 다양한 함수들을 제공하고 있습니다. 이러한 함수들을 자유자재로 활용할 수 있다면 ChatGPT와 스프레드시트를 통해 학습과 업무에서 높은 효율을 낼 수 있게 될 것입니다. 자주 연습하고 활용해보도록 합니다.

이런 점을 생각해요

생성형 AI는 프로그래밍 영역과 어떤 관련이 있을까요?

👤 **생성형 AI는 어떤 프로그래밍 분야에서 활약할까요?**

⑤ 1. 코드 생성과 보조: 인공지능은 코드 작성을 보조하거나 직접 코드를 생성할 수 있습니다. 이는 복잡한 프로그래밍 작업을 간소화하고, 비효율적인 부분을 최소화할 수 있습니다. 또한 인공지능은 개발자가 원하는 기능을 이해하고, 해당 기능을 구현하는 데 필요한 코드를 제안할 수 있습니다.

2. 버그 감지 및 수정: 인공지능은 코드를 분석하여 버그를 찾아낼 수 있습니다. 이를 통해 개발자는 코드에 숨어 있는 잠재적인 문제를 빠르게 인식하고 수정할 수 있습니다. 또한 인공지능은 문제를 해결하는 방법을 제안하거나, 가능한 경우 자동으로 문제를 수정할 수도 있습니다.

3. 소프트웨어 테스팅 및 검증: 인공지능을 이용해 자동화된 테스팅을 수행하면, 개발 과정에서 시간을 절약하고 오류를 줄일 수 있습니다. 인공지능은 또한 더 복잡한 테스팅 시나리오를 생성하고, 소프트웨어가 예상대로 작동하는지 검증할 수 있습니다.

인공지능은 현재로서는 인간 개발자를 완전히 대체할 수 없습니다. 인공지능은 도구로서 개발자를 보조하고, 개발 과정을 더 효율적이고 생산적으로 만드는 데에 초점을 맞출 것입니다.

👤 **생성형 AI가 있는데 왜 인간 개발자가 중요할까요?**

 인간 개발자는 여전히 프로그래밍 분야에서 다음과 같은 이유로 필수적입니다.

1. 창의성: 인공지능은 알고리즘에 기반한 패턴을 인식하고 이를 통해 결정을 내릴 수 있지만, 아직 인간의 창의력을 모방하거나 대체할 수 없습니다.

2. 윤리와 책임: 개발자는 소프트웨어의 윤리적인 측면과 책임에 대해 고민해야 합니다. 인공지능이 개발 과정을 도와주지만, 최종적으로는 인간 개발자가 책임을 지게 됩니다.

3. 이해력과 판단력: 현재의 인공지능은 문제를 이해하고 복잡한 판단을 내리는 능력이 한정적입니다. 개발자는 비즈니스 요구 사항을 이해하고, 이를 효과적인 코드로 변환하는 역할을 합니다.

4. 커뮤니케이션: 개발자는 비개발자에게 기술적인 문제를 설명하고, 그들의 요구 사항을 이해하고, 코드로 변환해야 합니다. 인공지능은 아직 이런 복잡한 커뮤니케이션을 수행할 수 없습니다.

따라서 인공지능은 개발을 보조할 수 있지만, 아직 인간 개발자를 완전히 대체할 수 없습니다.

10장

슬기로운
ChatGPT 플러그인 활용법

ChatGPT 플러그인 사용을 준비해요
ChatGPT 플러그인을 사용해요

ChatGPT 활용에 대한 관심이 높아지면서 ChatGPT 확장성에 도움을 주는 플러그인에 대한 관심도 높아졌습니다. 플러그인이란 쉽게 말해 본 프로그램에 없는 기능을 더해서 넣는 프로그램을 의미합니다. 즉, 기본 소프트웨어를 지원해 특수한 기능을 확장할 수 있도록 설계된 부속 프로그램인 셈입니다. ChatGPT 플러그인도 ChatGPT를 다른 프로그램과 쉽게 연결할 수 있도록 도와주는 기능으로, 개발자가 정의한 API와 ChatGPT가 상호작용하며 ChatGPT의 기능을 향상시킬 수 있을 뿐 아니라 다양한 일을 처리할 수 있습니다.

예를 들어 지금까지 사용하고 있는 무료 버전의 ChatGPT는 실시간 정보 검색이 어려웠습니다. 2021년 9월까지의 데이터를 기반으로 학습했기 때문에 최신의 이벤트나 정보를 제공하지 못하는 것입니다. 이에 반해 ChatGPT 플러스 버전을 사용하면 실시간 정보 검색이 가능할 뿐 아니라 80여 개가 넘는 플러그인 설치를 통해 다양한 기능을 추가할 수 있습니다. 엑스피디아로 여행을 계획하거나 오픈 테이블을 통해 식당을 예약할 수도 있고, 주식 시세 확인, 게임 프로그램 실행도 가능합니다.

하지만 앞에서도 이야기했듯이 무료 버전의 ChatGPT에서는 이러한 플러그인 기능을 사용할 수 없습니다. 만약 ChatGPT에서 플러그인을 설치해 사용하고 싶다면 유료 버전인 ChatGPT 플러스의 월 구독료(20달러)를 결제하고 사용해야 합니다. 이번 장에서는 유로 버전인 ChatGPT 플러스에서 학생들의 학습에 유용한 플러그인을 중심으로 ChatGPT가 가진 다양한 확장성을 소개하겠습니다. 유료 버전을 사용해 교육이 가능하거나 학습이 가능한 경우는 해당 장의 내용을 활용해 교육적으로 적용해보아도 좋습니다.

출처: 미드저니

ChatGPT 플러그인 사용을 준비해요

다음은 ChatGPT 플러스 버전을 사용하기 위한 방법입니다. 다양한 플러그인을 활용해보기 위해서는 ChatGPT 플러스 버전 구독을 결제해야 합니다. ChatGPT 플러스 버전은 어떻게 사용할 수 있는지 살펴봅시다.

01 ChatGPT에 접속한 후 채팅 화면의 왼쪽 하단에 있는 [Upgrade to Plus] 메뉴를 선택합니다.

02 ChatGPT Plus는 유료임을 확인하고 유료 요금제를 사용할 계획이라면 [Upgrade plan] 버튼을 클릭합니다.

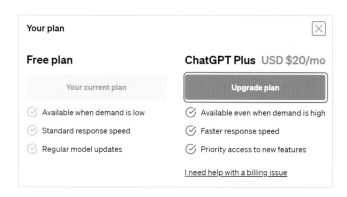

03 요금 결제 화면에서 정보를 입력하고 화면 아래쪽에 있는 [**구독하기**] 버튼을 클릭합니다.

04 ChatGPT Plus로 업그레이드되었음을 확인하는 메시지가 나타납니다.

05 무료 버전일 때의 ChatGPT 채팅창 화면과는 다르게 표시됨을 확인할 수 있습니다. ChatGPT Plus에서는 GPT-4를 사용할 수 있습니다.

06 채팅 화면의 왼쪽 하단에 있는 [Settings] 메뉴를 클릭합니다.

07 Setting 팝업 창에서 [Beta features] 메뉴를 선택합니다.

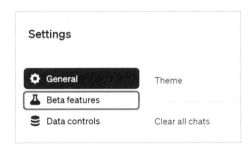

08 Web browsing과 Plugins를 둘 다 활성화합니다.

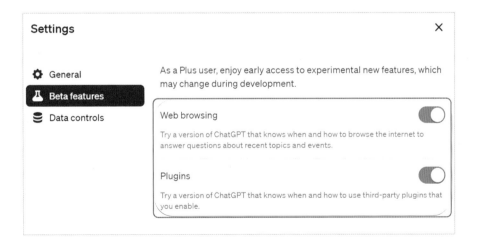

09 채팅창에서 [GPT-4]를 선택한 뒤 [Browsing Beta]에 체크합니다.

10 ChatGPT에 오늘의 날씨를 알려달라고 요청합니다.

11 무료 버전의 ChatGPT에서는 되지 않았던 실시간 정보 검색을 통한 답변이 가능함을 알 수 있습니다.

ChatGPT 플러그인을 사용해요

Wolfram을 활용해 수학 공부를 해요

ChatGPT의 다양한 플러그인 중 Wolfram을 사용하면 미적분을 비롯한 복잡한 수식의 정확한 계산을 하거나 데이터를 시각화할 수 있습니다. Wolfram 플러그인을 활용해 ChatGPT에서 어떻게 수학 학습에 활용할 수 있는지 알아보겠습니다.

01 GPT-4에서 [Plugins Beta]를 선택한 뒤 [Plugin store]에 들어갑니다.

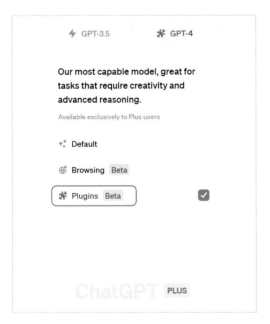

02 다양한 Plugins에서 Wolfram을 찾아 [Install] 버튼을 눌러 설치합니다. 80개가 넘는 많은 Plugins 중 활용하고 싶은 것을 찾아 설치할 수 있습니다.

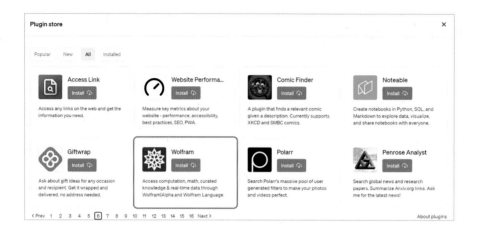

03 설치한 Wolfram을 체크해 사용할 수 있도록 해줍니다. 한 번에 3개의 Plugins를 동시에 선택하여 사용할 수 있습니다.

04 예를 들어 다음과 같은 방정식 문제의 풀이를 요청합니다. 문제에 대한 이해를 높이기 위해 그래프를 그려서 문제를 설명해달라고 요청합니다. ChatGPT는 Wolfram을 활용해 문제 풀이 방법에 대해 설명하고, 그래프를 그려 보여준다고 대답합니다.

> 👤 원 x^+y^=5 위의 점 P(2,1)에서의 접선의 방정식을 구하시오. 이 문제를 그래프를 그려서 설명해 주세요.

> 🤖 원의 중심에서 점 P까지의 선분의 기울기는 점 P에서 접선의 기울기의 음의 역수입니다. 주어진 원의 중심은 원점 (0,0)이고, 점 P는 (2,1)이므로, 선분의 기울기는 1/2이고, 따라서 접선의 기울기는 -2입니다.

점-기울기 형식의 직선 방정식은 다음과 같습니다: $y-y_1=m(x-x_1)$, 여기서 m은 기울기이고, (x_1, y_1)은 직선 위의 점입니다. 이를 사용하여 점 P에서의 접선의 방정식을 구하면 다음과 같습니다: $y-1=-2(x-2)$, 이를 정리하면 $y=-2x+5$.

이제 이를 그래프로 그려 보겠습니다.

다음은 주어진 원, 점 P(2,1), 그리고 점 P에서의 원의 접선을 그린 그래프입니다:

05 Wolfram을 활용해 그래프로 그려 문제를 풀어준 모습입니다. 문장으로 문제 풀이를 할 때보다 시각적인 그래프를 함께 볼 때 문제를 더 쉽게 이해할 수 있습니다.

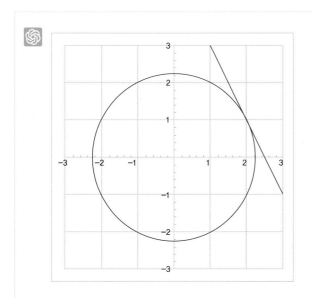

이 그래프에서 볼 수 있듯이, 점 P(2,1)에서의 원의 접선은 원의 중심과 점 P를 연결하는 선분에 수직입니다. 이 접선의 방정식은 $y=-2x+5$입니다.

06 또 다른 문제를 풀어달라고 합니다. 문제를 입력할 때 제곱은 ^로 입력하면 됩니다.

원 x^2+y^2+6x-8y=0의 중심의 좌표는 (a, b)이고 반지름의 길이는 r이다. 이때 a+b+r의 값은 무엇인가? 그래프를 그려서 설명해주세요.

※키보드 사용법

- 제곱은 x를 입력하고 x^을 사용하면 x²과 같은 의미입니다.

- 세제곱 등을 입력하고 싶다면 한글로 'ㅊ'키를 누른 상태에서 한자키를 클릭하면 됩니다.

07 문제 풀이 과정을 천천히 살펴보고 자기주도 학습에 참고하거나 문제풀이 오답 노트를 작성할 때 참고해도 좋습니다.

 주어진 원의 방정식은 $x^2+y^2+6x-8y=0$입니다. 원의 중심을 찾기 위해 x와 y에 대해 제곱을 완성할 수 있습니다.

방정식을 재배열하면 다음과 같습니다:

$(x^2+6x)+(y^2-8y)=0$

제곱을 완성하면 다음과 같습니다:

$(x+3)^2+(y-4)^2=3^2+4^2$

따라서 원의 중심은 $(-3,4)$이고 원의 반지름은 $\sqrt{3^2+4^2}=5$입니다.

따라서 a+b+r의 값은 $-3+4+5=6$입니다.

이를 그래프로 그려 설명하겠습니다.

Used **Wolfram** ⌄

다음은 주어진 원과 그 중심을 그린 그래프입니다:

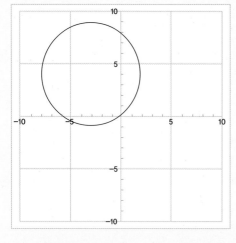

이 그래프에서 볼 수 있듯이, 원의 중심은 $(-3, 4)$이고, 반지름은 5입니다. 따라서 a+b+r의 값은 $-3+4+5=6$입니다.

Webpilot을 활용해 사회, 국어 학습에 활용해요

Wolfram을 이용하면 수학 공부를 할 때 도움을 받을 수 있음을 알게 되었습니다. 이번에는 Webpilot을 이용해 알고 싶은 주제에 대한 기사를 찾고, 이를 요약해 활용하는 방법에 대해 살펴보겠습니다.

01 설치한 Webpilot을 체크해 사용할 수 있도록 해줍니다. 한 번에 3개의 플러그인을 동시에 선택하여 사용할 수 있습니다.

02 '학교 폭력'을 주제로 한 최근 뉴스 기사 3건을 찾아달라고 요청합니다. 원하는 주제를 직접 입력하고 관련된 기사를 찾아달라고 해도 좋습니다.

> 👤 대한민국에서 최근 발생한 학교 폭력 사건에 대한 뉴스 기사를 3건 찾아주세요.

03 최근 기사 3건을 찾아 링크와 출처, 기사의 내용을 간단하게 보여줍니다. 관련 기사에 있는 이미지도 함께 제시합니다.

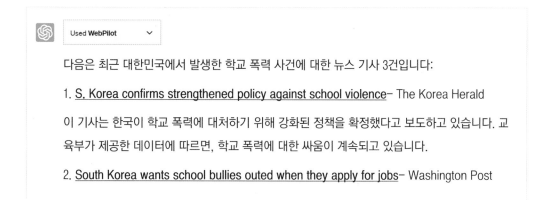

다음은 최근 대한민국에서 발생한 학교 폭력 사건에 대한 뉴스 기사 3건입니다:

1. S. Korea confirms strengthened policy against school violence- The Korea Herald

이 기사는 한국이 학교 폭력에 대처하기 위해 강화된 정책을 확정했다고 보도하고 있습니다. 교육부가 제공한 데이터에 따르면, 학교 폭력에 대한 싸움이 계속되고 있습니다.

2. South Korea wants school bullies outed when they apply for jobs- Washington Post

이 기사는 한국의 여당이 학교 폭력 가해자들을 처벌하려는 법안을 제출할 계획이라고 보도하고 있습니다. 이는 대중적인 한국 드라마 "The Glory"와 같은 작품들이 학교 폭력에 대한 인식을 높이는 데 기여하고 있다고 합니다.

3. <u>Bullying scandals cast spotlight on school violence in South Korea</u>- The Straits Times

이 기사는 학교 폭력의 잔혹성을 폭로하는 드라마 시리즈의 감독이 과거에 학교 동창을 괴롭혔다는 사실이 밝혀져 학교 폭력에 대한 주목을 끌었다고 보도하고 있습니다.

S. Korea confirms strengthened
policy against school bullying

koreaherald.com

Bullying scandals cast spotlight on
school violence in South Korea

straitstimes.com

04 제시한 기사 중 관심 가는 기사를 1개 선택한 후 내용을 요약해달라고 요청합니다.

🧑 S. Korea confirms strengthened policy against school violence – The Korea Herald 기사를
요약해주세요.

05 기사를 요약하여 전달해줍니다. Webpilot을 활용해 답변을 생성한 ChatGPT의 답변 중
밑줄이 있는 부분을 클릭하면 해당 원본 기사가 실린 뉴스 사이트로 이동할 수 있습니다.

"The Korea Herald"의 기사 "S. Korea confirms strengthened policy against school
bullying"에 따르면, 2024년부터 학교 폭력이나 괴롭힘의 이력이 정규 대학 입학 과정에 반영될
예정이며, 현재의 괴롭힘 기록 보존 기간인 2년이 졸업 후 4년으로 연장될 것이라고 정부가 밝
혔습니다.

2025학년도 입학 과정에서 학교 폭력 기록은 '자발적으로' 제출되지만, 2026년 입학부터는 '필수
적으로' 반영될 것입니다. 교육부에 따르면, 대학의 기준과 입학 지침 변경 사항은 2년 전에 발
표되어야 하므로, 올해의 대학 입학에서는 괴롭힘 기록이 포함되지 않을 것입니다.

이러한 조치는 2월 이후 정부가 전문가, 부모, 학생, 교육 당국자로부터 수집한 의견을 반영한 것이며, 한덕수 총리가 주재한 폭력 대책위원회 회의에서 확정되었습니다. 회의에서 한 총리는 정부가 괴롭힘을 근절하고 학생들 사이에서 인식을 높이기 위해 노력을 강화할 것이라고 말했습니다. 강화된 정책은 학생들에게 어떠한 형태의 괴롭힘도 용납되지 않을 것임을 명확히 하려는 목표를 가지고 있습니다.

이 외에도 학교 폭력 기록, 포함하여 괴롭힘으로 인한 강제 전학 사례 등은 고등학교 졸업 후에도 가해자를 따라다니게 될 것이며, 이는 초기 및 정규 대학 입학 과정에서 모두 고려될 것입니다.

06 요약본을 읽고 더 자세한 내용을 알고 싶다면 원본 기사가 있는 링크를 클릭해 직접 확인해도 좋습니다.

07 각각 요약한 기사문을 토대로 학교 폭력에 관한 실태 보고서를 작성할 수 있습니다. 그동안 배웠던 구글 프레젠테이션을 활용하거나 Gamma 등 인공지능의 도움을 받아 프레젠테이션 자료를 완성해도 좋습니다. 예시에서는 Gamma를 활용해보았습니다. Gamma에 접속한 후 [New with AI]에서 [Text to Deck] 메뉴를 클릭합니다.

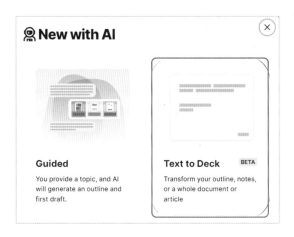

08 문서나 기사, 칼럼 등의 텍스트를 입력하면 그 내용을 토대로 프레젠테이션을 만들어줍니다. ChatGPT가 요약해준 해당 기사문을 복사해 붙여 넣은 후 [Generate] 버튼을 누릅니다.

09 생성된 프레젠테이션의 각 페이지를 확인하며 영어로 된 문장은 한국어로 번역하고, 문장을 다듬거나 추가, 삭제하며 프레젠테이션을 완성할 수 있습니다.

Showme를 활용해요

Webpilot을 이용하면 국어, 사회, 도덕과 등에서 조사해야 할 주제에 대한 기사나 정보를 손쉽게 찾고, 요약할 수 있음을 알게 되었습니다. 이번에는 Showme를 이용해 여러 가지 다이어그램을 그리는 방법에 대해 살펴보겠습니다.

01 설치한 Show Me를 체크해 사용할 수 있도록 해줍니다.

02 예를 들어 다음과 같이 전 세계 사람들이 가장 선호하는 여행지의 비중을 원형 차트로 표현해달라고 요청합니다.

> 🧑 **전 세계 사람들이 가장 선호하는 여행지의 비중을 원형 차트로 그려줘.**

03 전 세계 사람들이 선호하는 여행지 결과를 원형 차트로 표현한 것을 확인할 수 있습니다.

> 🔵 다음은 세계에서 가장 선호하는 여행지를 나타내는 원형 차트입니다.

변경하려는 경우 온라인에서 이 다이어그램을 편집할 수 있습니다.

차트에 따르면 프랑스는 여행자의 18%가 프랑스를 선택하는 가장 선호하는 목적지입니다. 스페인과 미국은 각각 16%와 15%로 바짝 뒤따르고 있습니다. 다른 인기 있는 목적지로는 이탈리아(14%), 중국(10%), 멕시코(9%), 영국(8%), 터키(6%), 독일(4%)이 있습니다.

04 이번에는 순서도 표현을 요청해보겠습니다. 음료수 자판기가 작동하는 원리를 순서도로 표현해달라고 요청합니다.

> 👤 **음료수 자판기가 작동하는 원리를 순서도로 표현해주세요.**

05 순서도로 표현한 결과물을 확인할 수 있습니다. 답변 중 밑줄이 그어진 부분을 클릭하면 출력한 다이어그램을 편집할 수 있는 페이지로 이동합니다.

🌀 다음은 음료 자판기가 작동하는 방식을 보여주는 순서도입니다.

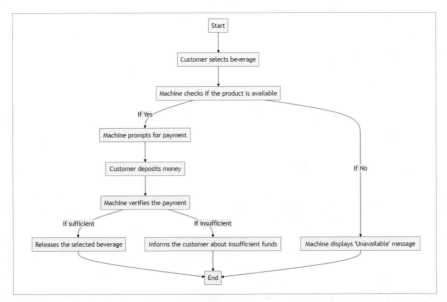

변경하려는 경우 이 다이어그램을 온라인으로 편집할 수 있습니다.

고객이 음료를 선택하면 프로세스가 시작됩니다. 그런 다음 기계는 선택한 제품이 있는지 확인합니다. 그렇다면 기계는 지불을 요구합니다. 그런 다음 고객이 돈을 입금하면 기계가 이를 확인합니다. 결제 금액이 충분하면 선택한 음료가 나옵니다. 결제가 부족한 경우 기계는 고객에게 잔액 부족을 알립니다. 선택한 제품을 사용할 수 없는 경우 기기에 '사용할 수 없음' 메시지가 표시됩니다. 음료가 출시되거나 고객에게 사용할 수 없거나 자금이 부족하다는 알림을 받으면 프로세스가 종료됩니다.

---

06 편집기에서 원하는 부분을 편집할 수 있습니다. 편집이 완료되면 원래 페이지로 돌아갑니다. 완료된 순서도를 활용해 발표 자료를 준비할 수 있습니다.

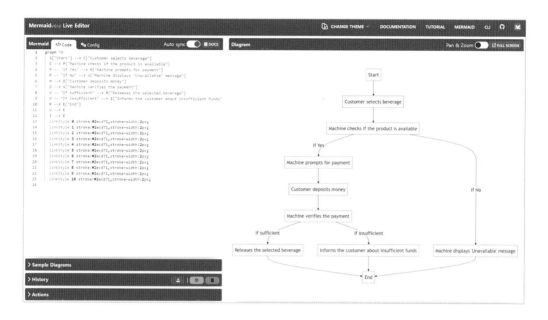

이외에도 ChatGPT에는 업무 또는 학습을 위한 다양한 플러그인이 있습니다. Rink Reader는 사용자가 입력한 URL에서 웹페이지, 이미지, PDF 등을 읽을 수 있습니다. Weather Report는 날씨를 알려주는 플러그인으로 여러 위치의 날씨를 한 번에 요청할 수 있습니다. 또한 인공지능 비서처럼 어떤 옷을 입으면 좋을지에 대해서도 알려줍니다. KAYAK, Expedia 등을 이용해 항공편 및 호텔을 검색하고 비교할 수 있으며 OpenTable 식당 예약도 가능합니다. 나에게 필요한 플러그인은 무엇인가요? ChatGPT 플러그인으로 다양한 일을 경험해보세요.

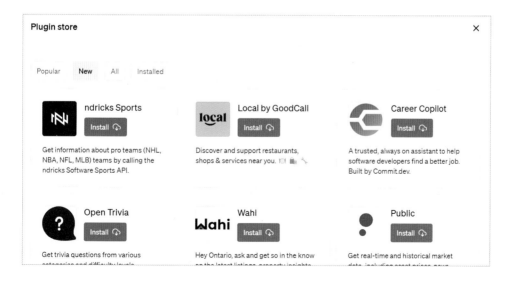

ChatGPT와 ChatGPT 플러그인에 대해 생각해볼까요?

ChatGPT의 플러그인을 활용하면 공부에 도움이 될까요? 어떤 플러그인이 공부에 도움이 될까요?

네, ChatGPT 플러그인은 공부에 도움이 될 수 있습니다. 플러그인은 ChatGPT가 인터넷의 다른 부분과 상호 작용할 수 있도록 하여 사용자가 정보를 찾고, 작업을 완료하고, 다른 사람들과 협업할 수 있게 도와줍니다. 공부에 도움이 되는 ChatGPT 플러그인의 예는 다음과 같습니다.

- Wolfram Alpha 플러그인은 ChatGPT가 수학, 과학 및 기술 문제에 대한 답변을 얻을 수 있도록 합니다. 이를 통해 사용자는 ChatGPT가 공식을 계산하고, 데이터를 시각화하고, 개념을 설명하도록 요청할 수 있습니다.
- Zapier 플러그인은 ChatGPT가 다른 웹사이트와 서비스와 통합할 수 있도록 합니다. 사용자는 ChatGPT가 작업을 자동화하고, 다른 사람과 협업하고, 정보를 공유할 수 있습니다.

이러한 플러그인과 기타 플러그인은 ChatGPT를 더 강력하고 다재다능한 도구로 만들어 공부에 도움이 될 수 있습니다.

ChatGPT는 미래 사회에 어떤 영향을 미칠까요?

인공지능으로 현재 트렌드와 전문가 의견을 기반으로 분석을 제공할 수 있습니다. 다음은 ChatGPT 및 유사한 인공지능 기술이 미래에 인간에게 미칠 영향을 정리한 것입니다.

- 커뮤니케이션: 언어 장벽을 허물고 다른 문화권의 사람들이 원활하게 의사소통할 수 있도록 하는 범용 번역기 역할을 할 수 있습니다.
- 교육: 개별 학습 스타일과 속도에 맞게 가르치는 맞춤형 튜터 역할을 할 수 있습니다. 학생들의 숙제를 돕고 복잡한 개념을 안내하며 평생 학습을 장려할 수도 있습니다.
- 작업 효율성: 회의 예약, FAQ 답변 또는 보고서 생성과 같은 일상 작업을 자동화할 수 있으며, 생산성을 높이고 인간이 보다 창의적이고 복잡한 작업에 집중할 수 있습니다.
- 접근성: 텍스트를 읽어 시각 장애인을 돕거나 음성 명령으로 스마트 홈 장치를 제어하여 거동이 불편한 사람들을 도울 수 있습니다.
- 사회적 영향: 인공지능은 정보를 제공하고 인식을 높임으로써 사회적 문제를 해결하는 데 도움이 될 수 있습니다. 정신 건강 지원, 기후 변화 교육 등과 같은 이니셔티브에 기여할 수 있습니다.

부록

용어 사전

본 사전은 ChatGPT를 비롯한 생성형 AI 학습 상황에서 자주 접하는 용어를 중심으로 정리했으므로 책을 읽거나 학습하는 과정에서 참고하기 바랍니다. 용어 정리를 위해 구글, 위키백과, TTA 정보 통신용어 사전 등을 참고하였으며, 간단하게 요약한 내용이므로 자세한 내용을 알고 싶다면 인터넷 검색이나 ChatGPT, Bard 등의 도움을 받아도 좋습니다. 단, 생성형 AI의 도움을 받을 때는 답변을 비판적으로 읽고, 사실 여부를 확인할 필요가 있음을 명심하세요.

머신러닝/기계학습 (Machine Leaning)	방대한 데이터를 분석해 미래를 예측하는 기술을 의미함. 알고리즘을 이용해 데이터를 분석하고 분석 결과를 스스로 학습한 후 이를 기반으로 어떠한 판단이나 예측을 하는 것.
다운스트림 태스크 (Downstream Task)	전이학습(Transfer Learning)에서 모델이 전이되어 이루어지는 학습을 의미함(*전이학습에 대한 용어 정의 참고). 사전학습(Pre-training)을 마친 모델을 구조 변경 없이 그대로 사용하거나 다른 태스크를 수행할 태스크 모듈을 덧붙인 형태로 수행. 다운스트림 태스크를 학습하는 방식으로는 파인튜닝, 프롬프트 튜닝, 인컨텍스트 튜닝(*각각의 용어 정의 참고)이 있음.
대규모 언어 모델 (LLM, Large Language Model)	대규모 데이터 세트에서 얻은 지식을 기반으로 텍스트와 다양한 콘텐츠를 인식하고 요약·번역·예측·생성할 수 있는 딥러닝 알고리즘.
딥러닝/심층학습 (Deep Learning)	인간의 뇌와 유사한 방식으로 기능하도록 구축된 알고리즘을 사용하는 머신러닝의 한 유형.
매개변수(parameter)	어떤 함수의 독립 변수와 종속 변수 사이에서 연관을 지어주는 변수를 의미함. 대규모 언어 모델에서 매개변수란 언어 모델이 학습 중에 신경망에서 조정되는 값으로, 보통 매개변수가 많으면 인공지능의 성능이 좋아짐을 의미. (예) GPT-2의 매개변수가 15억 개였던 것에 비해 GPT-3의 매개변수는 1,750억 개에 달함.
모럴 머신 (Moral Machine)	MIT에서 개발한, 인공지능의 윤리적 결정에 대한 사회적 인식을 수집하는 플랫폼. 딜레마 상황에서 사람들의 선택에 따라 어떤 가치를 더 중요하게 여기는지, 사람들의 사회적 인식에 대한 데이터를 수집할 수 있음.
미드저니 AI (Midjourney AI)	텍스트 입력을 통해 이미지를 생성하는 인공지능.
바드(Bard)	구글에서 개발한 대화형 인공지능 챗봇. 방대한 양의 텍스트 데이터로 훈련받았으며 광범위한 프롬프트와 질문에 대한 응답으로 인간과 같은 텍스트를 생성하여 의사소통할 수 있음.
브라우징(Browsing)	ChatGPT 플러그인의 하나로, ChatGPT가 실시간으로 웹을 검색하고 결과를 표시할 수 있도록 함.

생성적 적대 신경망 (GAN, Generative Adversarial Networks)	서로 경쟁하는 2개의 신경망으로 구성된 인공지능 알고리즘. 한 신경망은 생성기(Generator) 라고 하며, 실제와 구별할 수 없는 가짜 데이터를 생성함. 다른 신경망은 판별기(Discriminator) 라고 하며, 진짜 데이터와 가짜 데이터를 구별함. 생성기와 판별기는 서로 경쟁하면서 학습을 진행하는데 생성기는 더 현실적인 가짜 데이터를 생성하기 위해 노력하고, 판별기는 진짜 데 이터와 가짜 데이터를 더 정확하게 구별하기 위해 노력함.
생성형 AI (Generative AI)	이용자의 특정 요구에 따라 결과를 능동적으로 생성해 내는 인공지능 기술을 말함. 즉, 인 공 신경망을 이용하여 새로운 데이터를 생성하는 기술로 명령어를 통해 사용자의 의도를 스 스로 이해하고 주어진 데이터로 학습 · 활용하여 텍스트, 이미지, 오디오, 비디오 등 새로운 콘텐츠를 생성하는 인공지능. 대표적인 생성형 AI로 ChatGPT, Bard, DALL·E 2, Stable Diffusion, 미드저니 등이 있음.
스테이블 디퓨전 (Stable Diffusion)	대표적인 딥러닝 기반 이미지 생성 인공지능. 스태빌리티 AI(Stability AI)와 런웨이 ML(Runway ML)의 지원을 받아 개발됨.
아숙업(AskUp)	인공지능 스타트업 업스테이지에서 발표한 서비스로 카톡에서 ChatGPT를 이용할 수 있는 서비스. OCR로 이미지의 글자를 텍스트로 인식할 수 있고, 이미지 생성 AI를 이용할 수 있 는 업스케치 같은 기능을 가지고 있음.
업스트림 태스크 (Upstream Task)	전이 학습(Transfer Learning)에서 말하는 특정 태스크에 해당하는 태스크. 즉 먼저 이루어 진 학습을 의미하며 업스트림 태스크를 학습하는 과정을 사전학습(pre-training)이라고 함. (*전이학습에 대한 용어 정의 참고)
오픈AI (OpenAI)	테슬라 최고경영자(CEO)인 일론 머스크, 와이콤비네이터어 창업자인 샘 알트만, 링크드인 공 동창업자인 리드 호프먼 등 실리콘밸리 내 유명 기업가들이 투자해 설립한 미국의 인공지능 연구소.
오픈소스 소프트웨어 (open source software)	소프트웨어의 설계도에 해당하는 소스 코드를 인터넷 등을 통하여 무상으로 공개하여 누구 나 그 소프트웨어를 개량하고, 이것을 재배포할 수 있도록 하는 소프트웨어.
인공일반지능 (AGI, Artificial General Intelligence)	인간이 할 수 있는 어떠한 지적인 업무도 성공적으로 해낼 수 있는 (가상적인) 기계의 지능을 의미함.
인공지능 (Artificial Intelligence)	사람처럼 생각하고 행동하는 기계를 구현하기 위한 기술에 대한 연구 분야.
인컨텍스트 튜닝 (in-context tuning)	다운스트림 태스크를 학습하는 방식에 파인튜닝, 프롬프트 튜닝, 인컨텍스트 튜닝이 있음. 인 컨텍스트 튜닝은 다운스트림 태스크 데이터 일부만 사용하며 모델을 업데이트하지 않음.

자연어 처리 (Natural Language Processing)	컴퓨터를 이용해 사람의 자연어를 분석하고 처리하는 기술을 의미함. 자연어 처리에는 자연어 분석, 자연어 이해, 자연어 생성 등의 기술이 사용됨. 자연어 분석은 그 정도에 따라 형태소 분석(morphological analysis), 통사 분석(syntactic analysis), 의미 분석(semantic analysis) 및 화용 분석(pragmatic analysis)의 4가지로 나눌 수 있음. 자연어 이해는 컴퓨터가 자연어로 주어진 입력에 따라 동작하게 하는 기술이며, 자연어 생성은 동영상이나 표의 내용 등을 사람이 이해할 수 있는 자연어로 변환하는 기술임.
자연어 (Natural Language)	일반 사회에서 자연히 발생하여 사람이 의사소통에 사용하는 언어로, 컴퓨터에서 사용하는 프로그래밍 언어와 같이 사람이 의도적으로 만든 인공어(constructed language)에 대비되는 개념.
전이학습 (Transfer Learning)	특정 태스크를 학습한 모델을 다른 태스크 수행에 재사용하는 기법으로서 전이학습을 적용한 모델은 새로운 태스크를 더 잘 수행하는 경향이 있고, 모델의 학습 속도가 빠름
챗봇(Chatbot)	음성이나 문자를 통한 인간과의 대화를 통해서 특정한 작업을 수행하도록 제작된 컴퓨터 프로그램.
태그(Tag)	어떤 정보에 메타데이터로 부여된 키워드 또는 분류. 일반적인 분류 체계와는 다른 어느 하나의 정보에는 여러 개의 태그가 붙어 그 정보를 다양한 면에서 연관성을 보여줄 수 있으며 이렇게 제공된 정보나 자료는 접근이 쉽게 해주어 손쉽게 그 정보를 검색하고 노출시키고 분류하거나 다른 자료와 엮어 네트워크로 만드는 일을 쉽게 해줄 수 있음.
트랜스포머 모델 (Transformers Model)	문장 속 단어와 같은 순차 데이터 내의 관계를 추적해 맥락과 의미를 학습하는 신경망. 트랜스포머 모델은 텍스트와 음성을 거의 실시간으로 옮겨 청각 장애인 등 다양한 청중의 회의와 강의 참여를 지원할 수 있음.
파인튜닝(Fine Tuning)	다운스트림 태스크를 학습하는 방식에 파인튜닝, 프롬프트 튜닝, 인컨텍스트 튜닝이 있음. 파인튜닝은 다운스트림 태스크 데이터 전체를 사용하며 다운스트림 데이터에 맞게 모델 전체를 업데이트하는 것.
편향(Bias)	통계에서 측정 과정 혹은 모집단에서 표본을 추출하는 과정에서 발생하는 계통적인 오차. 쉽게 말해, 통계에서 추정한 결과가 한쪽으로 치우치는 경향을 보임으로써 발생하는 오차라 할 수 있음.
프롬프트(Prompt)	시스템이 다음 명령이나 메시지, 다른 사용자의 행동을 받아들일 준비가 되었음을 사용자에게 알려주는 메시지. ChatGPT에서는 ChatGPT에 질문이나 지시를 주는 문장이나 단어를 의미함.
프롬프트 튜닝 (Prompt Tuning)	다운스트림 태스크를 학습하는 방식에는 파인튜닝, 프롬프트 튜닝, 인컨텍스트 튜닝이 있음. 프롬프트 튜닝은 다운스트림 태스크 데이터 전체를 사용하며 다운스트림 데이터에 맞게 모델 일부만 업데이트하는 것

플러그인(Plugins)	기존 프로그램, 즉 서비스하는 제품에서 추가 기능을 넣어 확장할 때 사용되는 것을 의미함. 예를 들어, ChatGPT의 플러그인은 ChatGPT가 다른 웹사이트나 서비스와 상호 작용할 수 있도록 하는 소프트웨어 모듈임. Openai ChatGPT plugins 공식 홈페이지에서는 ChatGPT의 플러그인으로 Browsing, Code intetpreter, Retrieval, Third-party plugins 등을 소개하고 있음.
하이퍼파라미터 (Hyperparameter)	모델링할 때 사용자가 직접 설정해주는 값을 말함. learning rate나 서포트 벡터 머신에서의 C, sigma 값, KNN에서의 K값 등 머신러닝 모델을 쓸 때 사용자가 직접 설정해야 하는 값.
AI 민주화	비전문가를 포함한 더 많은 사용자가 인공지능 도구와 플랫폼에 더 쉽게 접근할 수 있도록 하는 것을 의미. 사용자 친화적인 인터페이스를 개발하고 이를 배포하는 프로세스를 간소화하며 AI 사용에 있어 진입 장벽을 낮추는 것 등이 있음.
AI 윤리	인공지능을 활용할 때 지켜야 하는 윤리적인 원칙. 과기정통부에서는 2020년에 제정한 '사람 중심의 인공지능(AI) 윤리기준'으로 3대 기본원칙(인간 존엄성의 원칙, 사회의 공공선 원칙, 기술의 합목적성 원칙), 10대 핵심요건(인권보장, 프라이버시 보호, 다양성 존중, 침해금지, 공공성, 연대성, 데이터 관리, 책임성, 안전성, 투명성)을 발표함.
AIVA	딥러닝 방식으로 3만 개가 넘는 곡을 학습하여 사이트에서 몇 번의 클릭만으로 원하는 형태의 곡을 만들 수 있음.
Bing AI	마이크로소프트가 개발한 인공지능 기술을 적용한 검색 엔진. Bing AI는 검색 결과의 정확성을 높이기 위해 자연어 처리 기술을 비롯한 다양한 인공지능 기술을 사용하며, 이를 통해 검색어에 대한 정확한 정보를 빠르게 제공함.
ChatGPT (Generative Pretrained Transformer)	인공지능 연구소인 오픈 AI에서 개발한 대화형 AI 챗봇으로 질문을 하면 사람이 쓴 것처럼 답변해주는 채팅 서비스를 제공함.
Code Interpreter	ChatGPT 플러그인의 하나로 ChatGPT가 코드를 실행하고 결과를 표시할 수 있도록 함.
Copilot	프로그래머를 대상으로 내놓은 인공지능 서비스로서 ChatGPT가 기능하는 방식과 유사하게, 사용자가 희망하는 소스 코드 요청 내용에 기반하여 소스코드를 자동으로 완성시켜 줌.
DALLE·2	오픈 AI에서 개발한 이미지 생성 인공지능 모델. 입력된 텍스트 설명을 기반으로 이미지를 생성할 수 있음.
Deep Dream	2015년 구글의 연구원인 Alexander Mordvintsev, Christopher Olah, Jeff Dean이 만든 컴퓨터 비전 프로그램. 이미지의 패턴을 식별하고 캡처하도록 훈련된 인공 신경망인 합성곱 신경망을 사용하여 작동함.

Gamma	인공지능을 활용하여 키워드 주제를 입력하면 자동으로 프레젠테이션, 텍스트, 웹 페이지 등을 만드는 서비스 이름이자 회사.
Markdown	텍스트 기반의 마크업 언어로 2004년 존 그루버에 의해 만들어지고 쉽게 머리글자를 읽을 수 있으며 HTML로 전환이 가능함. 특수기호와 문자를 이용한 매우 간단한 구조의 형태를 사용하여 웹에서도 빠르게 컨텐츠를 작성하고 보기 직전으로 인식할 수 있음.
NVIDIA	콘솔 게임기, PC, 노트북 등을 위한 그래픽카드인 GPU를 설계하는 미국의 반도체 회사. 엔비디아의 GPU는 ChatGPT와 같은 AI의 두뇌 역할을 하며 방대한 양의 데이터를 처리하는 데 도움을 주고 있음.
PaLM (Pathways Language Model)	구글이 개발한, Pathways로 학습된 최초의 대규모 언어 모델로서 5,400억 개의 매개변수를 가짐.
Unsplash API	고품질 사진 모음을 이용하여 이미지 검색 및 사용, 이미지 크기 및 자르기 기능 등을 사용할 수 있음.